보이차, 자사호와의 아름다운 만남

초보자를 위한 보이차·자사호의 36가지 기본 지식

서범석_저

한경사

보이차·자사호와의 아름다운 만남

저자 서범석
발행일 2025년 3월 20일
발행처 한경사
발행인 이계남
등록사항 제10-1951호 2000년 4월 14일
주소 서울시 마포구 신수로 59-1 (3층)
전화 02_717_7264~5
팩스 02_717_7226
홈페이지 hankyungsa.co.kr
이메일 hankyungsa@hanmail.net
ISBN 978-89-6844-521-7   03590
가격 19,000원

이 책의 일부 혹은 전체 내용을 무단으로 복사, 복제 및 전재하면 저작권법에 의해 처벌받습니다.

보이차·자사호의 아름다운 만남

초보자를 위한 보이차·자사호의 36가지 기본 지식

저자 서문

보이차(普洱茶)와 인연을 맺은 것은 베이징대학교(北京大學校) 초빙교수로 있는 동안이었다. 보이차를 배우려고 칭화대(淸华大) 근처의 보이차 학원도 다녀 보고 많은 시간과 비용을 들여서 마롄다오(马连道) 차 시장을 헤매고 다녔다.

습창차와 저급 보이차를 수없이 접하면서 목이 아파 한의원과 이비인후과도 많이 다녔다. 국내에서 열리는 다양한 지역의 보이차 차회도 다녀 보았고 많은 비용을 들여 보이차 고수의 교육도 받아 보았다.

보이차에 미친 많은 사람들이 이야기하듯, 집안에 삼대가 먹고도 남을 만큼 보이차가 쌓여 있다. 자사호를 공부하기 위해 마롄다오의 정복초당을 수없이 드나들면서 알지도 못하면서 좋다고 하는 자사호를 사서 모았다.

동티벳의 랑무스, 라브랑스, 실크로드 우루무치, 투루판, 라싸, 인도의 라다크, 스기나가르 등을 방문할 때도 중국 찻집이 어디 있는가를 우선 찾아 헤맸다.

보이차, 자사호 관련 서적도 보이는 대로 구매했다. 보이차 특별 강의도 하고 대학원 강의도 했다. 그러한 과정에서 나름대로 보이차에 대한 기본적인 자료를 정리하였다.

보이차는 차를 우려 마시는 것이 아니라 사람과 사람의 마음을 소통하는 것이며, 동일한 자사호 안의 찻물이 수차례 반복되면서 그때마다 다른 맛

저자 서문

과 향을 상호 간에 전달하는 매력을 가지고 있어 한순간에 마시고 마는 기존 차류와 달리 느림과 기다림 그리고 소통의 미학이라고 할 수 있다.

이 책은 기존 보이차 관련 서적과 차별화하기 위해 고전적인 텍스트 형식을 취했다. 나름대로 보이차와 자사호에 대한 기초적인 지식을 정리하였다. 보이차(普洱茶) 부분은 보이의 정의, 보이차 나무, 주산지, 종류, 제조 과정, 성분, 포장과 표시, 보이차의 역사, 이야기가 있는 보이차를 다루었다. 자사호(紫砂壺)는 자사호의 정의, 자사 니료, 자사호의 기본 색상, 자사호의 명칭, 자사호 제작, 자사호의 형태, 자사호의 선택과 양호, 자사호의 역사적 인물, 자사호의 명인 등을 요약하여 정리하였다.

이 책에 등장하는 보이차와 자사호는 대부분 저자가 소장하고 있는 것이고 사진도 직접 찍었다.

이 책은 수년 간 보이차 강의, 다회, 인터넷 자료 등을 정리하면서 느낀 저자의 생각을 반영하였다. 이 책은 2015년 출간한『보이차 — 보이차 그리고 자사호 이야기』를 바탕으로 한다. 하지만 보이차 관련 전문가들의 의견을 반영하여 수정하였고, 문장과 수치를 많이 정정하였으므로 새로운 책이라 해도 좋을 것이다. 원고를 정리하는 과정에서 대부분 출처를 밝혔으나 자료가 불명확하여 출처를 달지 못한 것은 참고 문헌으로 대신하였다.

2025년 3월
서범석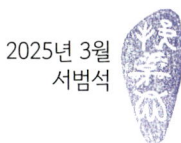

차례

저자 서문 · 4

보이차
1. 중국 보이차의 정의 · 13
2. 보이차 나무 · 17
3. 보이차의 주산지 · 21

보이차의 종류
4. 보이차 형태에 따른 분류 · 25
5. 보이차 제조 방법에 의한 분류 · 27
6. 보이숙차를 만드는 법 · 29
7. 보이차 보관에 의한 분류 · 33

보이차의 제조 과정
8. 보이차의 제조 과정 · 35
9. 보이차의 성분 · 39
10. 보이차의 포장과 표시 · 41
11. 보이차 우리기 · 45
12. 육우의 다경 · 49

보이차의 역사
13. 골동급 보이차 · 55
14. 호급 보이차 · 59
15. 인급 보이차 · 67
16. 팔중차 디자인 · 71
17. 등시해·추가구 · 77
18. 숙차 보이차 · 79
19. 숫자 보이차 · 83

20. 현대 보이차 · 91
21. 맹해 차창의 역사 · 95

이야기가 있는 보이차

22. 이야기가 있는 보이차 · 101
23. 보이차에 대한 11가지 생각 · 113
24. 차마고도와 마방 · 125
25. 흑차에 대한 의견 · 127

자사호

26. 자사호의 정의 · 137
27. 자사 니료의 이해 · 139
28. 진화, 소성, 진방 · 141
29. 자사 니료의 기본 색상 · 147
30. 자사호의 선택 조건, 양호 방법 · 153

자사호의 명칭, 제작, 형태

31. 자사호의 각부 명칭 · 159
32. 자사호의 제작 · 161
33. 자사호의 형태 · 163

자사호의 인물

34. 자사호의 역사적 인물 · 165
35. 현대 자사호의 아버지 고경주 · 173
36. 현대 자사호의 명인 · 177

참고문헌 · 185
색인 · 186

보이차, 자사호와의 아름다운 만남

초보자를 위한 보이차·자사호의 36가지 기본 지식

보이차·자사호와의 아름다운 만남

普洱茶

이무정산 야생차(특급품 홍사대), 맹해 차창, 생차, 2001, 357g

중국 보이차의 정의

운남성 질량기술감독국(2003) DB53/T103-2003

보이차는 ① 중국 운남성 특정 지역에서 생산되는 ② 운남대엽종 품종으로 ③ 쇄청모차(曬靑毛茶)로 ④ 후발효 가공을 거친 ⑤ 산차(散茶)와 긴압차(緊壓茶)를 말한다.

운남성 질량기술감독국 지역표준(2006) DB53/103-2006

보이차는 운남의 지리적 상징을 가진 제품으로, 특정한 가공 방법에 의거하여 생산하며 독특한 특징을 가진 차이다. 보이차는 생차와 숙차로 구분한다.

중국 정부의 보이차 지리표지산품보호관리법 국가표준조례(2008) GB/T22111-2008

보이차는 ① 중국 운남성에서 지리표준 보호 범위 내에서 생산된 ② 대엽종의 찻잎으로 만든 ③ 쇄청모차를 원료로 하며 ④ 특별한 제다법으로 독특한 품질을 지니며 ⑤ 산차나 긴압차 형태로 ⑥ 생차와 숙차가 있다.

진순아호, 죽군공사, 생차(고차수), 2001, 357g, 취죽진여실

쇄청모차(晒靑毛茶)

보이차의 정통적인 건조 방법으로 쇄청은 햇빛에 차를 말린다는 뜻이다. 모차는 가공 전의 차를 의미한다. 쇄청모차는 유념하면 찻잎이 초록색인데, 이를 햇빛에 말리면 엽록소가 파괴되어 검은색에 가까운 초록색을 띤다. 보이생차는 채엽(찻잎 따기), 위조(시들리기), 살청(찻잎 덖기), 유념(찻잎 비비기), 쇄청(햇빛에 찻잎 말리기), 증압, 긴압(증기로 쪄서 형태 만들기), 건조, 포장의 과정을 거쳐 제조된다.

대엽종(大葉種)

보이차의 찻잎은 크기에 따라 소엽종, 중엽종, 대엽종으로 구분된다. 찻잎의 길이가 7cm 이하를 소엽종, 7-10cm를 중엽종, 10cm 이상을 대엽종이라고 한다.

후발효(後醱酵)

미생물의 생명운동을 발효라고 하는데, 보이차는 후발효차로 공기 중에 있는 습도와 온도에 의해 몸에 이로운 곰팡이균의 활동을 강화시켜 발효가 진행된다. 찻잎의 발효는 찻잎에 함유된 주성분인 폴리페놀이 폴리페놀-옥시데이스(polyphenoloxidase)란 산화효소에 의해 산화되어, 황색을 나타내는 태아플라빈(theaflavin)과 적색을 나타내는 테아루비긴(thearubigin) 등으로 변화하는 과정이다.

차나무(차연)

보이차 나무

차나무는 품종, 수령, 재배 조건(환경)에 의해 다양하게 분류될 수 있다.

교목차(喬木茶)

야생 차나무는 원시형, 재배형, 혼합형으로 구분된다. 운남 차 시장에서는 재배형, 혼합형 차나무를 고차수, 노차수, 야생 차나무라고 한다. 재배형 야생 차나무는 해발 1,000-2,000m 정도에서 재배하고, 원시형 야생 차나무는 해발 2,000m 이상에서 자생한다. 찻잎이 두껍고 비비기 쉽지 않으며, 검은 녹색을 띤다. 맛은 부드럽고 향이 깊고 쓴맛이 강하다. 운남 소수민족은 고차라고 하여 발효하지 않고 마시는데 일반인은 먹기 어렵다.

관목차(灌木茶)·다원차(茶園茶)

인공적으로 조성한 집약 재배형이다. 다원차는 관목차 나무가 많지만 소교목 차나무도 있다. 현재 판매되는 대부분의 보이차가 여기에 속한다. 농약에서 자유로울 수 없다.

높이는 1-2m 정도이며, 맹해대엽종, 이무녹엽차, 경곡대백차가 주종이다. 다원차는 산지에 따라 계단식은 대지차, 평지 기계화된 곳은 기지차라고 한다.

이무춘첨, 맹해 차창, 2000, 357g

생태차(生態茶)

유기농으로 재배된 차로, 질이 좋고 향이 좋다. 국제유기농연맹 유기농법 인증마크가 있다.

고차수(古茶樹), 고수차(古樹茶)

고차수와 고수차는 유사한 의미이다. 고수차는 수령이 오래된 차 나무잎으로 만든 차를 가리킨다. 일반적으로 100년 이상된 차나무에서 채엽한 차를 고수차라고 한다. 가장 오래된 차나무를 차수왕이라고 한다. 차나무의 수명과 명칭은 지역에 따라 명확한 경계선이 없다.

대지차(臺地茶)

대지차는 현대적인 방법으로 관리되는 차밭에 인공 재배된 차를 의미한다. 대지(臺地)의 본 뜻은 경사면에 계단식으로 조성된 밭을 가리킨다.

운남 사모 지구 구 6대 차산 (ⓒnaver)

보이차의 주산지

보이차(普洱茶)는 명·청시대 운남, 서쌍판납(西雙版納) 사모 지구(思茅地區)에서 생산된 찻잎으로 보이현(보이하나족 이족자치현)에서 가공 판매했다.

보이차의 보(普)자는 성채를 뜻하고 이(洱)자는 물굽이를 뜻하는데, 즉 물굽이 치는 성채란 뜻도 된다. 여기서 물굽이란 란창강을 말한다.

운남 차산 지도 (©Google)

운남 차산 지도 (©naver)

보이차의 주산지는 서쌍판납에서 란창강을 기준으로 동쪽의 이무(易武) 쪽을 강북, 강내라고 하고 맹해(猛海) 쪽을 강남, 강외라고 한다. 이무 지역에는 구 6대 차산 지역으로, 이무, 만전, 혁등, 망지, 의방, 유락이 있다. 맹해 쪽은 남나, 남교, 맹해, 파달, 맹송, 포랑 등의 신 6대 차산이 있다. 최근 들어서는 이무의 마흑채, 괄풍채, 낙수동과 포랑산의 노반장, 신반장, 노만아, 임창 지대의 빙도 등이 대표적인 보이차 산지이다

노반장 생태타차(2000), 노반장 방차(2012), 대익칠자병차 7542(2006), 보이전차(1998), 노반장산차(2006), 보이소타차(1998)

보이차 형태에 따른 분류

보이차는 형태에 따라 크게
병차, 전차, 타차, 긴차, 방차, 산차로 구분된다.

① 병차(餠茶)는 원형으로 가장 일반적인 형태이며, 보이 긴압차 중 가장 많은 것이 병차(원차)다. 병차는 기본적인 무게가 357g이며, 일곱 편을 묶어 대나무 껍질로 포장한다.

② 전차(磚茶)는 벽돌 모양, ③ 타차(沱茶)는 사발 모양, ④ 긴차(緊茶)는 심장 모양, ⑤ 방차(方茶)는 정사방형 모양, ⑥ 산차(散茶)는 잎차 형태의 보이차이다. 형태의 크기에 따라 소타차, 소병차 등의 다양한 모양으로 만들어진다.

가이흥 전차(2000), 왕샤숙차(2005)

보이차 제조 방법에 의한 분류

제조 방법에 따라 보이생차와 보이숙차로 구분한다.

중국 정부의 보이차 분류에 의하면 ① 보이생차(普洱生茶)는 보이차 산지 환경에 부합한 조건에서 자란 운남대엽종 찻잎을 살청, 유념, 일광 건조 등 공정을 거쳐 만든 쇄청산차를 각종 모양으로 압제한 검은 빛이 나는 초록색 차이다. 수색(水色)은 투명한 담황색, 우린 잎은 황록색을 띠며, 청순한 향기와 두터운 단맛이 난다.

② 보이숙차(普洱熟茶)는 보이차 산지 환경에 부합한 조건에서 자란 운남대엽종 찻잎으로 말린 쇄청산차를 특정 가공법인 후발효 공정을 거쳐 만든 산차와 긴압차를 말한다. 보이숙차는 생차의 공정을 거친 후 쇄청모차 후 악퇴 과정(渥堆過程)인 쾌속 발효 후 압제한 긴압차이다. 1950년대 홍콩, 관동 지역에서 숙차를 실험 제작하였으며, 최초의 숙차는 청나라 말 생산된 경발효 정흥긴차(鼎興緊茶)이다.

1973년 중국토산축산진출공사 운남차엽분공사가 곤명 차창에서 시험 제조하여, 1975년부터 칠자병차로 상품화하였다. 대표적인 제품으로는 1973년 맹해 차창의 후전차(73 厚磚茶, 250g, 14cm×9cm 장방형)이고, 그 후 맹해 차창, 하관 차창으로 확대되었다. 맹해 차창의 7562 전차가 대표적인 숙차이다.

노반장 숙차, 초의다실, 2012, 357g

보이숙차 만드는 법

보이차는 운남성의 대엽종으로 만든 쇄청녹차 긴압차이다. 시간의 경과에 따라 차 속에 함유된 여러 효소 성분, 특히 폴리페놀 중심으로 자연 발효되어 차색이 변하는 동시에 색다른 맛과 향이 난다. 오래 묵힐수록 향미가 깊어지는 것이 보이차이다. 보이차의 자연 발효는 당시의 사회적 배경에서 비롯되었는데, 폐쇄적이고 낙후된 운남성의 교통망에 의한 장시간의 운송 기간에서 나타난 현상이다.

숙차의 쾌속 발효 공법이란 물과 습도를 인위적으로 조절하여 발효한 가공법으로 위조, 살청, 유념, 건조를 마친 초벌차를 대량으로 쌓아 놓고 물을 뿌린 후 덮어 놓은 상태에서 40-60일 정도 발효 공정을 거친 것을 말한다.

숙차 제조, 악퇴 과정, 한중보이차세미나(추가구)

쾌속 발효 공법은 미생물 발효 공법, 후발효 작용, 악퇴(渥堆) 공법이라고도 하는데 1973년 곤명 차창에서 개발하였으나 비과학적 방식을 개선하여 실제는 1975년부터 칠자병차로 상품화하였다.

노수교목 전차, 맹고 차창, 2004, 250g, 자연습 먹은 보이차(곰팡이)

보이차 보관에 의한 분류

보이차는 보관에 따라 건창차와 습창차로 구분된다.

건창차(乾倉茶)는 자연 상태에서 정상적인 후발효가 일어나는 깨끗한 차를 말한다. 습창차(濕倉茶)는 정상적인 악퇴 발효가 아니라 강제로 30도 이상 상온과 80% 이상의 상대습도를 유지(밀폐된 공간에서 입창하여 높은 습도를 유지하여 강제 발효 후 퇴창)하여 보관한 것이다.

습창차는 보이생차를 오래된 보이차(老茶)로 보이기 위해서 급조되어 비싸게 판매되고 있다. 습창차의 경우 표면에 백상이 나타나거나 곰팡이가 피는 경우도 있으며, 특히 탕색이 어둡고, 지푸라기 썩은 냄새가 나기도 한다. 목에 넘어갈 때 부드럽지 않고 걸림이 생길 수 있다.

차나무, 차열매, 2014 차문화대전에서 촬영

보이차의 제조 과정

보이차의 제조 과정에서 생차는 운남대엽종 찻잎을 채엽, 위조, 살청, 유념, 건조, 쇄청모차, 성형의 과정을 거치게 된다. 숙차는 생차의 과정을 거친 후 쇄청모차, 악퇴 발효, 살균, 건조, 성형의 과정을 거친다.

보이생차는 운남대엽종 찻잎을 채엽하여 찻잎을 그늘에 널고 시간에 맞추어 뒤집는 위조 과정을 거친다. 살청 과정은 온도를 높인 솥에 찻잎을 넣고 손으로 덖거나 회전솥을 이용하여 가공하는 것으로, 이때 찻잎은 검은 녹색으로 변화된다. 유념 과정은 비비기, 뭉치기, 풀기를 반복하고, 찻잎의 세포막을 파괴하여 해면조직에 있는 여러 가지 화학 성분을 밖으로 나오게 한다. 흘러나온 화학 성분이 차를 우릴 때 차탕 속에 녹아 떫고, 달고, 시원한 맛을 낸다. 쇄청모차는 가공된 찻잎을 햇빛에 널어서 건조시키는 것을 말한다. 그 후 증기로 찌고 주머니에 넣어 눌러 성형한 후 햇빛이 들지 않는 곳에서 건조시켜 만든 것이 생차, 생병, 청병, 청자라고 한다.

보이숙차는 쇄청모차를 등급별로 구분하여 악퇴 발효(높이 4-5m 정도로 찻잎을 쌓아서, 40-60일 정도 물 뿌리고 뒤집기) 공정을 거친 후 건조, 분류, 살균 후 성형하여 포장한다.

보이차 위조 과정(보이차의 유혹)

위조(萎凋) [시들기]

찻잎을 따서 일정 기간 얇게 펴서 말리는 것으로, 이렇게 하면 차의 맛이 좋아진다. 이 과정을 거쳐야 찻잎의 쓰고 떫은 맛을 내는 화학 성분(폴리페놀, 카페인 등)이 분해되어 약해진다. 단백질도 분해되어 감칠맛과 시원한 맛을 내는 아미노산이 된다. 탄수화물은 분해되어 단맛을 내는 당이 된다. 너무 오래 방치하면 찻잎이 붉게 되는 갈변 현상이 일어나면서 화학 성분이 너무 많이 분해되어 차맛을 떨어뜨린다.

살청(殺靑) [열처리]

찻잎의 푸른 기운을 없애는 과정으로 솥의 온도가 낮으면 완성된 차에서 비린내가 나고, 너무 높으면 타기 쉽다. 살청 시 한 솥에 4-5kg 정도가 적당하고, 10여 분 동안 쉴새없이 뒤적이어야 한다. 살청 후 찻잎의 줄기를 구부렸을 때 꺾이지 않고 휘어지면 적당하다.

유념(揉捻) [비비기]

차의 맛을 내는 폴리페놀, 아미노산, 카페인 등이 찻잎 해면조직 속에 들어 있다. 살청 후 찻잎 비비기를 통해 세포막을 파괴해 해면조직에 있는 화학 성분이 밖으로 나오도록 만드는 것이다. 해면조직에서 빠져 나온 화학 성분이 잎의 표면까지 흘러나와 차를 우릴 때 차탕 속에 녹아 내려 쓰고, 떫고, 달고, 시원한 맛을 나게 해 준다.

노반장 모차, 산차, 2012

보이차의 성분

보이차에는 폴리페놀 성분 중 카테킨은 차 성분의 60-70%를 차지하고 탕색, 탕맛, 향과 밀접한 관계를 가지고 있다. 찻잎 속에는 10-20%의 당류 화합물과 약간의 카페인 성분이 있으나, 인체에 부담이 적고 빠르게 배출되므로 숙면에 지장을 거의 주지 않는다.

보이차의 효능으로는 지방 분해에 의한 다이어트 효과가 있고, 혈압을 내리고, 지방을 감소시키고, 동맥경화를 방지한다. 그 외에도 치아 보호, 염증 제거, 살균 효과, 위 보호, 노화 방지 효과가 있는 것으로 분석되었다(운남보이차, 2005).

차의 성분은 600여 종인데 그중 유기화합물이 450여 종이고, 당류, 지방질, 단백질을 제외하고는 2차 대사 물질이다. 차의 2차 대사 물질은 폴리페놀, 방향 물질과 색소 등으로 되어 있다.

차의 성분 중 폴리페놀이 떫은 맛, 아미노산은 상쾌한 맛을 간직하고 있으며, 당류가 단맛을 내게 한다. 그리고 수용성 펙틴은 교질(膠質: 끈끈함)을 높혀 준다.

보이차 죽순 포장 (1통, 7편)

보이차 종이 포장, 대익보이차 (1통, 7편)

10
보이차의 포장과 표시

보이차는 죽순 잎으로 포장하며, 포장 단위는 편(片), 통(筒), 건(件)으로 표시된다. 일곱 편이 한 통이고, 열두 통이 한 건이다. 보이병차 한 편은 일반적으로 357g이다.

곤명에서 티베트로 가는 차마고도는 당나귀와 노새가 이용되는데 한 마리에 보통 60kg을 싣고 하루에 60km를 이동했다고 한다.

보이차 무게 357g×7편(1통)이 2.5kg이다. 2.5kg×12통(1건)=30kg으로 양쪽에 실으면 60kg이 된다.

보이전차는 4개, 타차는 5개를 한 관(貫)이라고 하기도 한다. 소타차와 1회용 티백 포장도 있다.

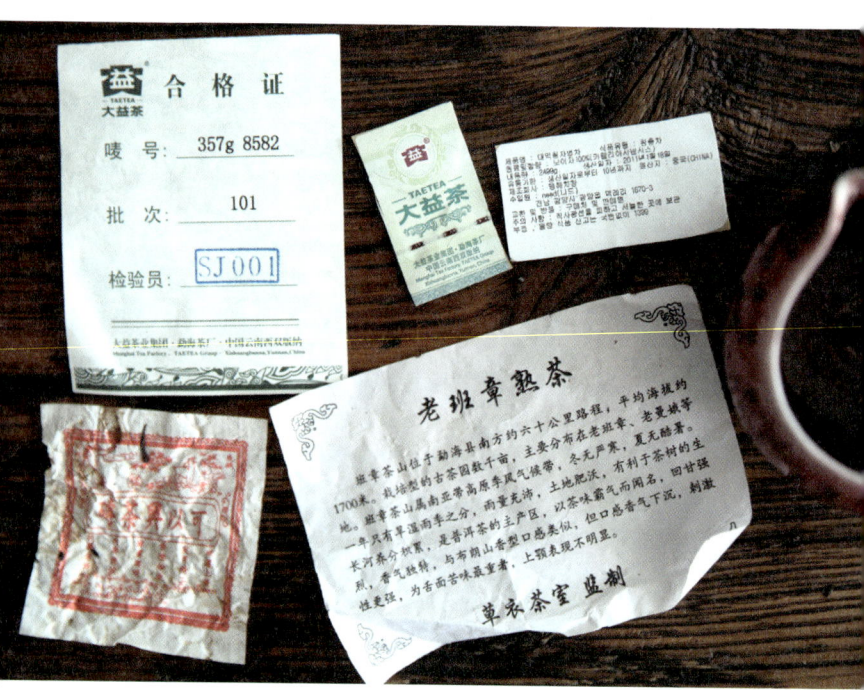

보이차 내표, 내비, 상호 표시, 수입 표시 등

중국 국가 표준이 제정되기 전에는, 보이차 포장에 내비(內飛), 내표(內票), 지비(支飛) 등이 사용되었다. 찻잎을 증기로 가공할 때 상호와 관련된 쪽지를 압제하는데 이것이 내비(內飛)이다. 내비는 동창호를 운영하던 황무비가 개발하였다. 내포(內票)는 한 통에 하나씩 들어가는 것으로 포장지에 상호를 가리키는 도안과 문구를 인쇄한 것으로 일곱 편 중 최상단에 깔아서 출하했다.

오래된 보이차는 상품 포장지 어디에도 차에 대한 정보가 없다. 단지 건(件: 12통, 84편)에만 상품의 출처를 알리는 지비(支飛)가 있다. 지비는 차의 정보를 담고 있는데 상품 명칭, 출고 공장, 중량, 숫자 등의 정보가 매두(홍콩식 영어, 마크의 뜻)란에 적혀 있다. 그러므로 소포장으로 구매 시 제품의 정보를 알 수 없다. 이러한 것이 짝퉁 보이차를 양산하고 있는 근거가 되었다. 현대 보이차의 포장에는 구체적인 제품 정보가 표시되어 있다.

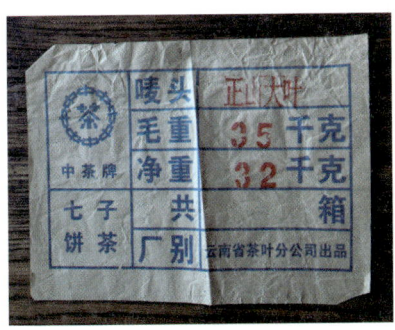

보이차 지비

보이차 다도구를 갖춘 개인 차실(자사호, 숙우, 차망(걸음망), 찻잔, 차판, 차건, 차루(깔대기), 차칙(주걱), 차침(송곳), 차엽(집게), 차하, 개완, 차통 등)

보이차 우리기

보이차 찻물은 淸活經冽甘해야 한다.

보이차는 느림과 기다림 그리고 소통의 미학이라고 할 수 있다.

보이차를 맛있게 우려먹기 위해서는 찻물, 차 도구, 보이차가 있어야 한다. 보이차의 찻물은 맑고(淸), 살아 있어야 하고(活), 가볍고(經), 차고(冽), 달아야 한다(甘). 보이차 찻물의 온도는 100도가 적당하다(육우의 『다경』에 의하면 물 끓는 모양이 물고기 눈과 같은 기포가 올라오고 뽀글뽀글 소리가 나는 상태).

차 도구로는 차판, 자사호, 거름망, 숙우, 퇴수기, 차칙, 차건 등 다양하게 준비되어야 한다. 보이차 양은 개인 취향에 따라 매우 다양하나 2-3인 기준 3-5그램 정도가 적절하다. 숙차인 경우에는 양이 조금 증가될 수 있다.

다양한 형태의 찻잔(중국, 일본, 한국)

이러한 준비가 끝나면 ① 뜨거운 물로 자사호를 씻고 잔을 따뜻하게 데운다. ② 보이차를 자사호에 넣고 100도 정도의 뜨거운 물을 붓는다. ③ 자사호의 찻물을 거름망에 걸러 숙우에 담고 그 찻물로 자사호의 윗부분에 가볍게 부어 주고 잔도 헹구어 낸다. ④ 다시 뜨거운 물을 자사호 안의 보이차에 붓고 10-15초 정도 있다가 찻물을 거름망을 통해 숙우에 부은 후 보이차를 잔에 균등하게 따른다. 제일 중요한 것은 첫 번째 보이차를 우린 물은 찻잔을 헹구고 버리는 것이다. 이는 보이차 제조 과정에서 혹시나 생길 수 있는 불순물을 제거할 뿐 아니라 딱딱하게 엉켜 있는 차를 풀어 주면서 차에 기운을 불어 넣어 주기 위한 예비 수단이라고 할 수 있다. 일반적으로 세 번째 우린 보이차가 가장 맛이 좋다고 한다. 물론 주전자, 커피메이트, 머그잔, 표일배 등을 이용하여 간단하게 우려먹는 방법도 있다.

박태(薄胎) 찻잔 , 경덕진, 2010, 공부차

무위(無爲)는 중국 도가(道家)에서 남에게 양보하는 것이 인간 존재의 문제에 대한 가장 효과적인 답변이라는 학설. 고재(충주호 古家) 차판 위에 각을 하였다. (김연호 병원장 작품)

육우의 다경

육우(陸羽, 733~804)는 중국 당나라 시대의 문인으로 세계 최초의 차 전문서 『다경(茶經)』을 집필해 다성(茶聖) 혹은 다신(茶神)이라 일컬어진다.

중국 호북성 천문현에서 출생한 육우는 어린 시절의 대부분을 절에서 일하고 공부하며 보냈으며 정성을 다해 차를 달여 주지 스님에게 대접하곤 했다. 하지만 그에게는 절 생활이 잘 맞지 않아 12세가 되자 용개사를 떠나 유랑 극단의 일원이 되어 전국을 떠돌았다. 그 후 26세 되던 해에 당대의 유명한 시인이자 차에 대해 풍부한 지식을 지녔던 교연(皎然) 스님과 인연을 맺게 된다. 교연의 권고를 받은 육우는 중국 전역을 돌아다니며 차를 맛보고, 명사들과 만나면서 차와 관련된 자료를 본격적으로 모으기 시작했다. 이윽고 서기 765년, 그의 나이 33세 되던 해에 그동안 모은 자료를 바탕으로 『다경』의 초고를 탈고했다. 이후 육우는 10여 년의 세월을 거치며 『다경』의 수정과 보완을 거듭했고, 마침내 명실상부한 차 전문서를 완성시켰다. 육우는 당나라 덕종 정원 19년(804년)에 사망한 것으로 전해진다.

아쉽게도 『다경』에는 운남차에 대한 언급이 없다.

개완, 경덕진, 150cc(북경 마련도 장빙 고급다예사)

『다경』은 상·중·하 3권(卷) 10장(章)으로 구성되었다. 상권은 차의 근원, 차를 만드는 방법과 도구, 중권은 차의 그릇, 하권은 차를 달이는 법과 마시는 법, 차 산지와 문헌 등이 기록되어 있다. 육우는 이『다경(茶經)』세 권에 차의 모든 것을 집약하였다. (ⓒ naver 찻잎 속의 차)

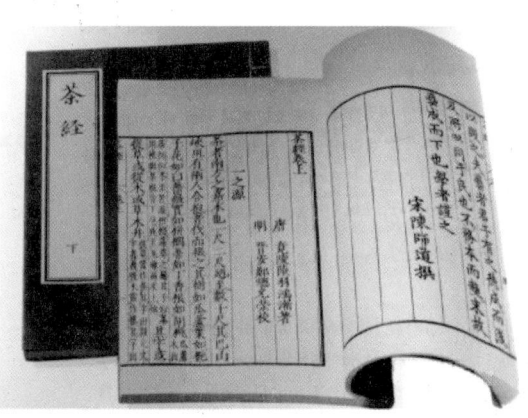

육우의 다경(이진수, 중국차문화)

차통, 자니, 북경 마련도 정복초당

만전 양빙호, 2001, 400g 와유재 / 경덕진 찻잔 60cc

보이차의 역사

차나무의 원산지는 중국의 운남성, 귀주성, 사천성 일대의 분지, 온난 다습한 환경에서 자란다. 기원전 2737년부터 차를 마셨다는 기록(육우의 다경)이 있으며, 신농본초경에 의하면 차를 마시고 다양한 중독을 해결했다는 기록이 있다. 운남성 임창시 봉경현 금수촌에 3,200년 된 차나무가 있다. 운남성 애뢰산 천가채에는 수령 2,700년 된 차왕수와 기념비가 있다.

보이차는 명칭(明稱)에 의해 구분해 보면 ① 골동급(骨董級) 보이차 시대/호급(號級) 보이차 시대(1729-1950), ② 인급(印級) 보이차 시대(1951-1972), ③ 숙차(熟茶) 보이차 및 숫자(數字) 보이차 시대(1973-2003), ④ 현대(現代) 보이차 시대(2004-현재)로 나눌 수 있다.

운남 애뢰산 차왕수와 기념비 (©naver)   임창시 봉경현 금수촌 차나무 (©다음카페 취다헌)

티벳 경전 방품, 구채구에서 구입, 2008

골동급 보이차

서기 225년 촉나라 제갈량이 운남 정벌 후 차를 복족에게 전파했다. 복족의 지도자 암냉이 차나무를 심었으며, 찻잎을 <라>라고 했다. 최초의 차농이라고 불리는 복족이 만든 차를 복차라 하며, 보차를 거쳐 보이차로 바뀌었다는 이야기가 있다.

명나라(1620) 사조제(謝肇淛)의 『전략(塡略)』이라는 책에 사대부와 백성들이 보차(普茶)를 마셨다는 기록이 있다(一书中 "摭用皆 普茶也 蒸而団之"). 청나라(1729) 옹정(雍正) 7년에 운남에 보이부(普洱府)를 신설하였다.

보이 금과공차 (등시해, 2004)

13 _ 골동급 보이차

골동급 보이차로는 청나라 옹정(雍正) 7년 공차 제도에 의해 운남 총독 악이태가 보이부에 공차 공장을 설립하여 황실에 공급한 것이 있다. 6대 차산 춘차를 원료로 단차(團茶)를 만들었다. 큰 것은 3,300g 정도로 사람 머리 모양을 하고 있어 인두공차(人頭貢茶)라고 하였으며, 서양참외 모양과 같다 하여 금과공차(金瓜貢茶)라고 불렸다.

서공천조 헌판

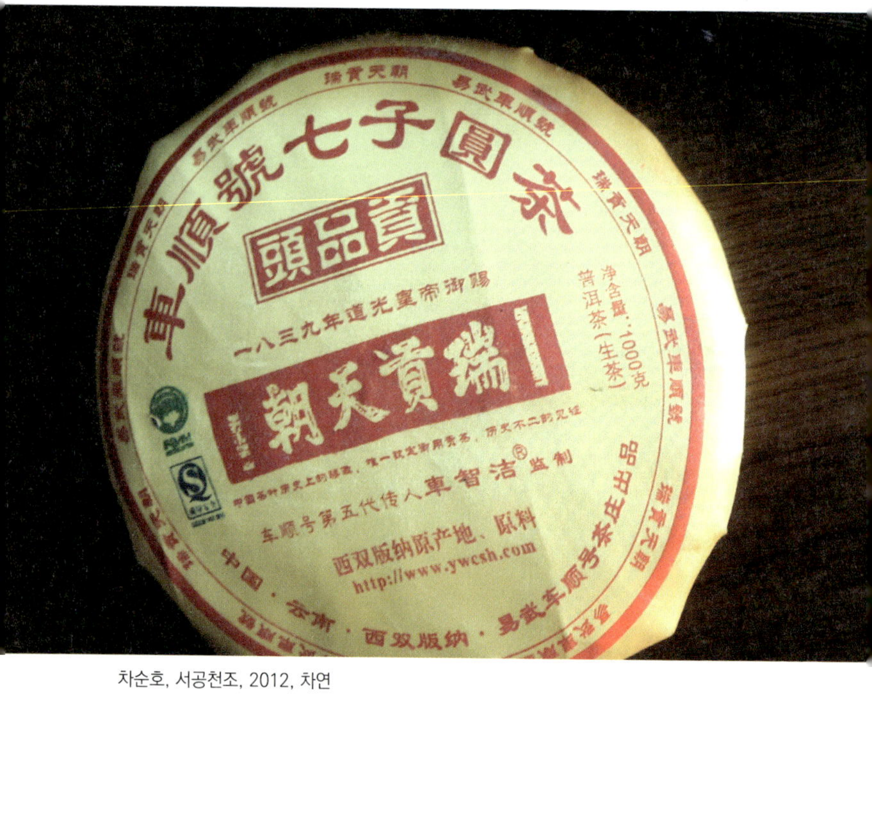

차순호, 서공천조, 2012, 차연

호급 보이차

청나라는 운남차법을 1735년 공표하고 차를 둥글게 통일하였으며, 한 편의 무게는 357g, 일곱 편을 한 통으로 규정하였다.

이무 지역에 황제가 서공천조(瑞貢天朝)란 휘호를 예공진사 이개기(이무 차산), 차순래(차순호), 무과 황석진(동창호)에게 하사했다. 이들이 호급 보이차(號級普洱茶)를 생산하였다. 호급 보이차로는 복원창호(福元昌號), 차순호(車順號), 동경호(同慶號), 동흥호(同興號), 경창호(敬昌號), 강성호(江城號), 양빙호(楊聘號), 동창호(同昌號), 송빙호(宋聘號) 등을 생산하였다.

우리나라에서는, 이규경(1788-1856)의 『오주연문장전산고(五洲衍文長箋散稿)』<도차변증설>에서 차 중에 보이차가 제일이고 백호차, 청차, 황차가 다음이라는 설명이 있다. 또한, 1823년 해거도사 홍현주(1793-1865, 정조의 사위)의 시에서 납설수팽다(臘雪水烹茶: 섣달 눈 녹인 물로 차를 끓이다), 보이차고월단탑(普耳茶膏月團搭: 보이차 덩어리에 둥근달이 박혔네)라는 시귀절에서 보이차에 대한 기록이 발견되었다.

차순호 헌판 (ⓒ인터넷)

1850년 운남 북부 두문수의 봉기로 보이차 생산이 중지되고 그 후 6대 차산은 최대 보이차 시장인 베트남, 라오스, 홍콩으로 수출하기 시작했다. 1911년 신해혁명으로 청나라가 몰락하고 1937년 프랑스가 베트남을 식민지화하면서 베트남 지역 차 무역 판로 통제로 6대 차산이 쇠퇴하기 시작했다. 1938년에 운남중국차엽무역주식공사, 1940년에는 보이차를 전문으로 생산하는 불해 차창이 설립되었다. 100년 동안 유지되었던 6대 차산 중심의 이무 시대(易武時代)에서 맹해 시대(勐海時代)로 변화되었다.

동경호(同慶號) 원차 (등시해, 2004)

1950년 이전의 차로 송빙호, 동흥호, 동경호 등이 생산되었으며, 대나무 껍질 포장에 개별 포장 단위별 표시가 없이 일곱 편에 상호를 인쇄한 내표만 있다.

동경호(同慶號) 원차

1736년 운남의 유진상이 동경 차창을 열고 이무 차산 차로 생산한 노차(직경20.5cm, 340g)로 차를 만들어 100년 이상 경영하다가 국유화되었다. 1920년 이전은 용마 상표를 사용했고 1920년 이후는 쌍사자기 도안을 사용했다.

동흥호(同興號) 조기원차

동흥후기원차 (등시해, 2004)

동흥호 원차

1733년에 이무에서 처음 생산하였다. 1921-1934년에 생산된 차를 동흥조기원차라고 하고 1935-1949년에 생산된 차를 동흥후기원차라고한다. 의방, 만송 차산 제품(경20cm, 320g, 3급)이다.

동흥후기원차 내비 (등시해, 2004)

중차패, 홍인, 1990 중반, 357g

15
인급 보이차

1950년대부터 1970년대까지 생산된 인급차(印級茶)의 인자(印字)는 보이차 겉 포장지에 글자 차(茶)자를 인쇄했다는 뜻이다. 1951년 조승후(趙承煦)가 팔중차(八中茶)를 디자인하여 중국 내 모든 차의 공식 로고로 사용하였는데, 중자는 중국을 의미한다.

녹인(남인)원차 팔중차 도안

홍인원차 황인원차

ⓒ 인터넷 편집

인급 보이차는 1952년 홍인, 녹인, 황인, 남인 등으로 출시되었으며, 팔중차(八中茶) 디자인을 사용하였다.

팔중차의 가운데는 녹색인 것이 원안이나 최초로 출하한 보이원차는 인쇄술의 낙후로 붉은색으로 되었다. 이 포장지가 몇 년 동안 사용되었는데 이를 후에 홍인(紅印)이라고 했다. 그 후 녹색으로 바꾸어서 나온 것이 녹인(錄印)이다. 그 다음 것은 잉크 사용이 잘못되어 황인(黃印)이며, 홍콩 상인이 이름을 붙인 녹인이 타이완으로 건너가 남인(藍印)으로 변신했다. 인급차는 맹해 차창, 하관 차창에서 만들었는데, 홍인, 녹인, 황인, 남인 등으로 구분한다.

인급차는 중문만을 사용한다(칠자황인 제외). 내비에 생산 단위가 없고, 단일 팔중 표시(8개의 중자 가운데 차자를 씀)를 사용하며, 내표가 없다. 포장은 죽순으로 되어 있다.

맹해 차창, 중차패, 1998, 357g

16

팔중차 디자인

1951년 상해 해방일보 및 대공보에 상표 디자인을 공고하였는데, 화동회사 직원 조승후(曺承煦)의 디자인이 채택되었다. 팔중차는 8개의 붉은 색 '中'으로 이루어진 원 가운데 '茶'가 디자인 되어 있다. 1951년 12월 15일 중앙사영기업국의 심사 및 허가를 거쳐 상표 전용권을 획득했다.

팔중차 디자인
(추가구, 한중 보이차 세미나, 2012)

홍인원차, 맹해 차창, 1950년대 (황건량, 2000)

홍인원차

홍인원차(紅印圓茶)는 불해 차창(1940-1942년, 1944-1949년)에서 조기 홍인을 생산하고, 후기 홍인은 맹해 차창에서 1951-1957년에 생산하였다. 홍인원차는 1950년에 상표 등록을 하였다(등시해, 2000). 그러나 팔중차 디자인은 1951년 상표 등록을 하고 홍인은 1952년에 처음 생산되었다(鄒家駒 說).

홍인원차(8892 표시)는 후기 홍인으로 1992년 맹해 제품으로 판매하고 있다. 그러나 맹해 제품이 아니라 번압차(飜壓茶)로 1999-2001년에 생산된 것이다(추가구, 2012).

후기홍인원차, 맹해 차창, 이무 차산, 1992, 370g (등시해, 2004)

황인원차,
맹해 차창,
1950년대 말
(황건량, 2000)

황인원차
(등시해, 2004)

녹인원차(綠印圓茶)

녹인원차은 1958년 맹해 차창 제품으로 남인갑을급원차, 미술자 녹인원차, 송체자녹인원차가 있다. 남인갑급원차는 녹인원차의 갑과 을을 지우기 위해 남색 도장을 찍었다. 팔중 표지의 가운데 차자가 녹색이라 녹인이라 부른다.

황인원차(黃印圓茶)

황인원차와 황인칠자병차는 1950년대의 중차황인원차와 1960년대 생산한 칠자황인으로 구분된다. 황인 칠자병차는 미술자칠자황인, 황인철병, 칠자팔중 황인, 대황인으로 구분된다. 외포장지 차자는 황색이지만 내비의 차자는 녹색이다.

등시해(1995), 보이차, 운남과기출판사 / 추가구(2005), 만활보이차, 운남민족출판사

17 등시해·추가구

등시해는 1941년 말레이시아 출생으로 대만사범대학 교수이다. 1995년 『普洱茶』라는 책을 출판했으며, 이후 보이차의 대중화에 앞장서고 있다.

추가구는 곤명 차창장을 지내고, 운남성차엽협회 회장 등을 역임한 중국 보이차 전문가로, 저서로는 1995년에 출판한 『만활보이차(漫活普洱茶)』가 있다.

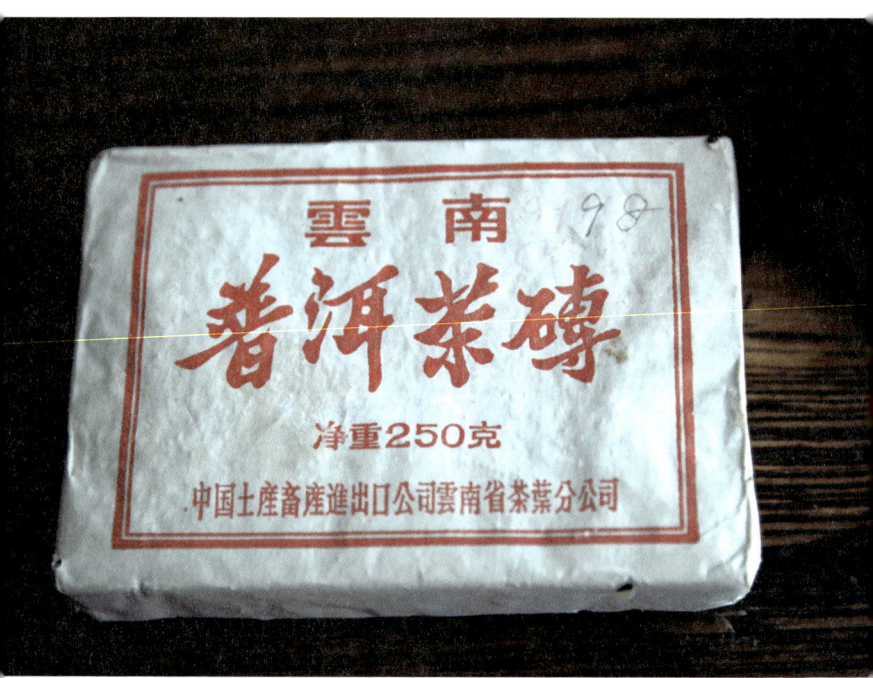

보이차전, 맹해 차창, 1998, 250g

18
숙차 보이차

보이숙차의 개발은 1973년 운남차엽수출공사의 송문경(宋文庚)과 오기부(敖其富)가 차무역박람회에서 발수차 발효 공법으로 만들어진 광동차를 발견하고 곤명 차창의 오계영(吳啓英)에게 유사한 차를 개발하라고 지시하면서 시작했다. 오계영은 맹해 차창의 추병량과 협의하여 인공 쾌속 발효 가공법을 개발하여 숙차 보이차 시대를 열었다.

보이차 쾌속 발효 가공법은 "인위적으로 물과 습도를 이용해 발효한 공법으로 1975년 곤명 차창에서 생산했다. 이후 맹해, 하관, 보이 차창으로 확대했다."(운남성보이차제조공법시행규칙, 1979) 오계영은 보이숙차 악퇴 기술의 발명자로 인정되어 중국보이차종신성취대사라는 칭호를 받았다. (짱유화, 2011)

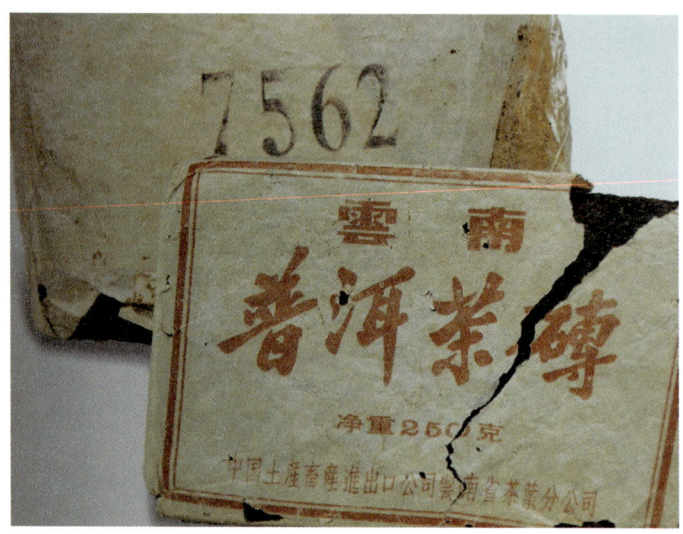

7562 보이차전, 맹해 차창, 1970년대, 250g

노동지 병차, 해만 차창, 2004, 357g

보이숙전차 7581, 7811, 7562

보이숙전차는 1973년 이후에 생산되었으며, 보이차 번호를 세 가지(7581, 7811, 7562)만 사용하였다. 73 후방전은 늙은(11등급) 잎으로 제작하였다. 7811도 늙은 잎을 사용하여 대추향이 난다. 7562 전차는 8582 이후에 만든 차로 1985년 이후 제작되었다.

곤명 차창의 오계영에 의하면 1977년 전차의 생산량을 늘렸는데, 개당 중량이 250g이며, 대표 번호는 7581로 사용하였다. 원료는 8급 20%, 9급 30%, 10급 50%로 하고 가장 좋은 원료인 8급으로 차 표면을 덮었다. 1977년에 생산된 전차는 포장지에는 붉은색으로 <보이전차>라고 쓰고 문양 및 수출 회사 이름을 적었다. 1978년에는 일부 흰색 내지와 푸른색 찻잎이 그려져 있는 하드커버를 사용하였다. 1999년 해만 차창은 현대 숙차의 대표적인 브랜드인 노동지(老同志)를 개발하였다.

대익패, 맹해 차창, 7542, 8582, 7572, 7552, 2012, 357g

숫자 보이차

숫자 보이차는 운남차엽공사에서 수출의 편의를 위해 1976년부터 보이차에 번호(로트 번호)를 부여하였다. 긴압차는 네 자리, 산차는 다섯 자리를 지정하였다. 차창마다 고유 번호를 부여하여 1을 곤명 차창, 2를 맹해 차창, 3을 하관 차창, 4를 보이 차창, 5를 경곡 차창으로 정하였다.

숫자 보이차의 긴압차의 경우 예를 들어 보면 7542의 의미는 첫 번째 두 자리는 초기 생산 연도, 세 번째 숫자는 찻잎의 등급, 마지막 숫자는 차창의 고유 번호이다. 7542를 해석하면 1975년도 처음 생산된 차로 네 번째 등급의 찻잎(찻잎 선별기준으로 1-11 등급 분류)에서 만들어진 맹해 차창 보이차라는 표시이다. 산차의 경우 일련번호가 다섯 자리로 79032의 경우 1979년에 생산하고 03은 원료 등급, 2는 맹해 차창을 의미한다.

칠자병차(七子餠茶)

칠자는 다복이란 뜻이고 병차는 원형이란 뜻으로, 문화대혁명 때인 1972년 중국토산축산진출구공사 운남성차엽분공사로 개명 후 1973년 포장지에 칠자병차란 단어를 사용하였다.

맹해 차창, 7542, 2002-2008, 357g
(중국 북경대 맹해대리점)

7542

7542의 역사를 보면 ① 소녹인 시대(1975-1985년), ② 후지 7542 시대(1980-1980년 말), ③ 박지소칠판 시대(1980년 중반-1990년대 초), ④ 박지대칠판 시대(1993-2003년), ⑤ 민영화 전 대익차 시대(1996-2004년), ⑥ 민영화 대익차 시대(2004년 이후)로 구분된다. 소녹인은 중차패 중간에 녹색으로 쓴 차(茶) 표시를 의미하며, 후지는 두꺼운 포장 종이를, 박지는 얇은 포장 종이를 말한다. 박지소칠판, 박지대칠판은 포장지에 있는 운남칠자병차 표시 중 칠자의 크기로 구분되는 것을 의미한다. 민영화는 맹해 차창의 민영화 시점을 기준으로 한다.

7542 칠자병차는 1970년 중반부터 1990년 후반까지 생산하였다. 73청병, 88청병, 7542 대익칠자병차, 자대익병차로 생산 판매 중이다. 홍인(8892)은 전면에 8892란 숫자가 적혀 있는 제품이나, 운남성다엽수출입공사에서 생산된 기록이 없어 번압차(飜壓茶)로 가품이라고 여겨지고 있다.

맹해 차창(대익패) 7572, 2008, 375g,
문경요(천왕봉), 숙우

7582 생병은 1985년 7582와 같은 원료로 홍콩남천무역공사가 주문하여 이를 8582라고 하였다. 1990년에 들어서 다시 7582로 바꾸었다. 맹해 차창의 경우 7572, 7592, 7562 숙병 등이 있다.

73청병은 맹해 차창 제품으로 1985년에 생산된 제품이다. 대만 옥호헌에서 1998년에 7542로 부르기 시작했다. 7542 외포장지 가운데 차자는 수공으로 찍었다. 차자가 작아서 대구중소록인(大口中小綠印)이라고도 한다. 7542는 현재까지 생산되고 있다.

88청병은 홍콩 다예낙원의 진국의 사장이 1989-1991년에 생산한 것으로, 건창 보관하여 판매한 홍콩 주문차이다.

8582, 대익 차창, 2012, 357g / 일송요(황동구) 소다완

8582

남천무역회사(南天公司)는 1979년 홍콩에서 설립되었다. 남천공사 주화서는 보석 사업가로 미얀마 화교 지도자였다. 그의 아들 주종은 보석 사업과 더불어 보이차의 홍콩 수입권을 가지고 있었으며, 태국 북부 지역에서 인공 발효 보이차를 생산한 적이 있었다.

주종은 운남성의 요청으로 운남 인공 발효 보이차 개선을 위해 맹해 차창과 경험을 교류했다. 이러한 과정에서 그는 1985년 맹해 차창에 별도로 보이차 생산을 주문하였는데 이것이 8582이다. 중국 정부는 계획경제에 의해 차에 고유 번호를 부여하고, 유통 과정에서 자신의 고유 번호 차만 유통할 수 있도록 하였다. 그러나 시장에서는 포장지로만은 구별할 수 없어, 뜯어서 판별했다. 그래서 남천공사에서 주문한 8582는 포장지 표지에 자색으로 동그라미 안에 천(天)이라는 도장을 찍어서 유통하였다. 남천공사의 천자 8582는 1985년부터 1988년까지 생산되었으며, 그 후 맹해 차창에서 8582를 지속적으로 생산 판매하고 있다.

이창호, 창태 차창, 2003, 357g / 이목동(이경완) 진사 생활도자기

20 현대 보이차

현대 보이차의 역사는 맹해 차창의 역사라고 할 수 있다. 2004년 맹해 차창이 민영화되면서 실질적으로 보이차의 완전 경쟁 시대로 진입하게 되었다.

현대 보이차 확산의 일등 공신은 덩샤오핑(鄧小平)이다. 덩샤오핑의 세 번째 아내 줘린(卓琳)은 윈난의 부유한 사업가의 딸이었다. 1976년 9월 9일 마오쩌둥 사망 후 덩샤오핑이 정권을 잡고 개혁·개방의 총설계사로 나섰다. 광동성 선전이 개혁·개방 시범 특구가 되었다. 홍콩과 인접한 주강 삼각주(珠江 三角洲)에 홍콩과 대만 사람들이 들어가 대규모 투자를 하기 시작하였다.

이들이 대륙에 가서도 보이차를 즐겨 마셨다. 이들의 보이차 문화를 눈여겨본 대륙의 중국인들이 선망의 시선으로 덩달아 보이차를 마시기 시작했다. 보이차가 중국 대륙에서 소비되는 발화점이 된 것이다.

운남진향원차(이무정산), 백차당, 2004, 357g

덩샤오핑은 차창별 브랜드와 로고 사용을 허락하였다. 보이차의 개별 상호와 이름을 허용하지 않고 국영기업의 이름과 로고를 획일적으로 사용하게 한 마오쩌둥의 시대는 지나갔다. 국유 기업이던 맹해 차창을 비롯하여 덩샤오핑의 실용주의 노선에 따라 새로 생긴 차창들이 자신의 브랜드와 로고를 정식 등록하게 된다.

1997년 7월 홍콩이 중국에 반환되었다. 1997년에 용생 집단이 용생패(龍生牌)란 상표를 사용하였으며, 1998년에는 창태 차창이 이창호(易昌號)란 상표를 사용하기 시작하였다. 1999년에는 맹해 차창장을 지낸 추병량이 해만 차창을 설립하고 노동지(老同志)란 상표로 숙차를 출시했다.

맹해 차창, 포장용 박스, 2012

21
맹해 차창의 역사

현대 보이차의 역사는 맹해 차창(勐海茶廠)의 역사이다.

1940년 원난중국차엽무역공사 불해(佛海) 실험 차창 설립, 범화군(范化均)이 창장으로 임명됨

1941년 홍차, 녹차를 인도 미얀마 수출, 칠자병차 수출

1950년 원난중국차엽무역공사 운남성공사 창립(성차사로 불림)

1951년 중차패(中茶牌) 상표 등록

1952년 중차패 홍인(紅印)생산, 1950년 말까지 사용, 그 후 녹인(錄印)으로 대치함

1953년 중국차엽공사 서쌍판나 차창(맹해 차창이라 호칭)

1956년 사모전구 맹해 차창으로 개명, 중국차엽출구공사

1961년 맹해현 차창으로 개명, 중국차엽토산진출공사로 개명

1963년 운남성 맹해 차창으로 개명

1972년 중국토산축산진출구총공사 운남차엽분공사

1976년 맹해, 곤명, 하관에서 숙차 생산 차창 규격화로 맹해 차창 2번 번호를 받음. 운남칠자병차 7452, 7682 등 수출

1979년 7542, 7532, 7582 수출

1981-1982년 7572 숙차 수출

장정숙(2007), 대익 보이차대사전: 1994-2007, 오행도서출판공사

1984년	맹해 차창 4대 창장으로 추병량(鄒炳良) 취임
1985년	홍콩 남천무역공사 8582(생차), 8592(숙차) 주문생산
1989년	대익패(大益牌) 상표 등록
1990년	윈난중국차엽무역공사 '중차패' 사용 중지
1991-1992년	맹해 차창에서 대익패, 하관 차창에서 송학패(松鶴牌) 사용
1992년	92 방차 생산
1994년	대익보이건차 생산(7582) 대익보이타차 생산(갑급숙차)
1996년	맹해차엽유한공사에서 대익패 병차 생산(96자대익 청병 등)
2004년	10월 민영화 <윈난박문투자유한공사>에서 인수
2005년	서쌍판납 상품생산질량 안전허가증 획득(QS)
2006년	제품 위조 방지 홀로그램 부착
2007년	윈난대익다업그룹 창립
2011년	서쌍판납 차선 레저 단지 선정
2011년	대익집단이 한국에 지사 설립(대익인터네셔날코리아), 지사장 증신생(曾新生)

보이차·자사호와의 아름다운 만남

보이차 찻잔 (저자 소유)

광운공병, 광동성차엽진출공사, 1970년대 (황건량, 2000)

광운공병, 광동진출구공사, 1960년대 (등시해, 2004)

이야기가 있는 보이차

광운공병

광운공병(廣雲貢餅), 광동병(廣東餅)은 초기 광동 찻잎, 월남 찻잎 등을 가져와 차를 만들었다. 광동병의 내비는 인자 보이차의 팔중차를 모방했으며, 포장은 죽순 껍질을 이용했다.

1958년대 광운공병은 지름이 22cm이며, 1960년대 이후는 지름이 19cm로 줄어들었다. 동시대의 인급차에 비해 아주 저렴한 가격에 판매되었다.

1960년대는 운남 지방 원료를 사용하여 값싸게 홍콩 등지에 판매하여 한때 인기가 있었다. 1973년 이후 운남에서 수출업을 직접하게 됨에 따라 원료 공급을 중단하였다. 그 후 광동 지방 원료를 사용하므로 실제적으로는 보이차라고 할 수 없다.

1990년 광운병이 상인들에 의해 '광(廣)' 광동 지역에서 만들어진 '운(雲)' 운남 원료를 사용한 '공병(貢餅)' 조공으로 바칠 만큼 좋은 질이란 뜻으로 개명되었다. 상인의 상술로 이름이 바뀐 것이다.

하관철병, 송학패, 하관 차창, 2004, 357g

하관철병

하관철병(下關鐵餠)은 하관 차창에서 1973년에 생산한 철병으로 중차간자체, 번자체칠자병차 두 종류가 있다. 두 제품의 구분은 외포장지에 中國土産畜産進出公司雲南省茶葉公司란 글자가 다르다.

철병이란 철로 만든 긴압 도구를 사용한 보이차라는 의미이다. 1990년 일시 중지 후 1996년부터 재생산되었다.

1972년 하관철병 시험 생산 제품(추가구) / 하관 차창 풍염배 사장과 등시해 교수
하관철병이 1950년대 차로 소개되고 있으나 실제로는 1973년 생산된 제품으로 확인됨

반선긴차, 보염패, 하관 차창, 1998, 250g (취죽진여실)

반선긴차

반선긴차(班禪緊茶)는 1980년 티베트 종교 지도자인 반선이 하관 차창을 방문하여 요청한 긴차라고 알려지고 있으나(등시해 주장) 실제로는 1966-1986년까지 문화대혁명 기간 동안 버섯 형태 긴압차를 생산하지 않고 전차만 생산한 것으로 확인되었다.

1986년 10월 20일에 티벳의 반선대사가 하관 차창을 방문하여 긴차를 요청하였다. 이렇게 제작된 것이 500g짜리 반선긴차이다.

운남성차수출입공사 하관 차창에서 보염패로 제작하여 서북 지구에 공급하였으며, 현재 하관 차창에서 일부만 생산한다(하관 차창의 책임자가 남간 차창으로 이직, 1989-1990년에 봉황타차 생산, 정부의 생산 중지).

티베트인은 차 마시는 것이 생활화되어 있는데 순수하고 짙은 맛이 나며 강한 생(生)긴차가 그들의 식습관과 어울렸다.

반선긴차 / 티베트 반선대사(판첸라마)의 운남 방문(1986) (추가구 한중보이차 세미나, 2012)

보이방차, 1990년대, 운남성차엽분공사, 100g (보이차보)

보이방차

맹해 차창의 92 보이방차(普洱方茶)는 중차패로 숙차 100g, 250g 생산하였으며 포장 표시에 250公分 표시가 정상품(250克分 표시는 가짜), 방차 뒷면에 줄무늬가 있으면 가짜이다.

다양한 보이타차

하관타차 송학패, 하관 차창, 2004, 50g

하관타차

하관타차(下關沱茶) 중 하관소법타차는 프랑스 수출용으로 1975년 250g짜리를 생산했다(등시해, 2004). 그러나 추가구는 1988년 이전에는 250g짜리 타차를 생산한 적이 없다고 주장했다. 1998년까지 생산한 중차 상표의 숙차는 운남타차로 표시되어 있고 보이차 단어는 없다. 그 후 중차패는 송학패로 변경하였다. 하관갑급타차는 1951년부터 생산 외포장지에 갑급이라고 되어있으며, 1991년부터 송학패를 사용하였다. 하관을급타차는 1988-1990년에 생산하였으며, 1993년부터 생산을 재개하여 이름을 1급 타차로 변경하였으며 송학패를 사용하였다.

노반장 방차, 진승 차창, 2012, 200g

보이차에 대한 11가지 생각

보이차를 마시는 것은 선을 행하는 것이다(茶禪一如)

중국 당나라 허베이성 백림선사의 조주(趙州)스님은 차를 마시는 것은 선을 하는 것과 동일하다고 하면서 다선일여(茶禪一如)라 표현하였다. 보이차를 우려 마시는 것은 차를 먹는 것이 아니라 사람과 사람의 마음을 소통하는 것이며, 동일한 자사호 안의 찻물이 수차례 반복되면서 그때마다 다른 맛과 향을 상호 간에 전달하는 매력을 가지고 있어 한 순간에 마시고 마는 기존 차류와 달리 느림과 기다림 그리고 소통의 미학이라고 할 수 있다.

좋은 보이차

좋은 보이차는 생차와 숙차의 차이는 있으나 기본적으로 외형, 탕색, 맛, 향, 내포성, 엽저, 활력 등으로 평가된다. 좋은 보이차를 고르는 방법은 보이차의 표면만을 보아서 판별하기는 어렵고 종합적으로 판단해야 한다. 이는 매우 어려운 일이다. 우선 제일 중요한 것은 차에 곰팡이가 핀 것은 피해야 한다. 또한 차의 맛이 섞은 지푸라기 냄새가 나는 것과 차를 마실 때 목에 걸리는 것과 같은 느낌이 나는 보이차는 좋은 차가 아니다. 차의 표면과 찻물의 색상이 깨끗하고, 목 넘김이 부드러우며, 약간의 단맛이 여운으로 남는 보이차가 좋은 것이다. 차의 좋은 맛은 떫은맛(苦味), 감칠맛, 단맛과 어우러질 때 나타난다. 차의 떫은 맛은 카테킨에서 감칠맛과 단맛은 아미노산, 쓴맛(酸味)은 카페인에서 나온다.

운남칠자병차, 맹해 차창, 2002, 357g

보이차는 콜레스테롤 감소, 동맥경화 예방

차에 함유된 폴리페놀 성분이 콜레스테롤과 혈중지질을 억제하고 유지류 화합물이 배변을 통해 배출되도록 하여 모세혈관 벽을 탄력 있게 하는데, 그 결과 동맥경화, 고혈압, 비만을 예방할 수 있다. 차에는 페놀, 엽록소, 비타민C 등이 종합적으로 작용하여 다이어트에도 도움을 준다. 프랑스 엔도니(Andoni) 의과대학의 Carebbie 교수의 임상 결과를 보면 보이타차는 지방과 콜레스테롤 함양을 떨어뜨리는 것으로 나타났다. 프랑스 국립건강연구소, 파리 Henry Lendore 의과대학의 Benal Jactor 교수, 파리대학 영양생리학자 Liutong 등의 임상 결과에서 운남 보이차는 혈액지질을 낮출수 있다고 하였다. 중국의 양명달, 호미영의 연구, 하국번, 림월선 연구, 손로서, 류창혜천의 연구에서도 보이차가 콜레스테롤을 감소시킬수 있다고 하였다.(주홍걸, 보이차)

보이차는 뜨겁게 마셔야 제맛이 난다

보이차는 100도의 끓는 물로 우려서 잠시 머문 다음 마시는 것이 좋다. 뜨거운 물을 붓자마자 마시는 이유는 떫은 성분인 카테킨의 용출을 막고 감칠맛이 있는 아미노산을 보다 많이 우려내기 위해서다.(장유화, 2011) 보이차 물의 온도가 낮으면 탕속의 성분이 서로 결합하거나 희석되어 맛을 떨어뜨린다.

황금세월, 맹해 차창, 2010, 357g (취죽 구입) / 자사화분, 경덕진

보이차를 마실 때 입안에 머금고 소리를 내는 이유

혀의 미각을 보면 혀끝은 단맛, 혀의 양 옆의 앞부분은 짠맛, 혀 양 옆의 뒷부분은 신맛, 혀의 가운데는 상쾌한 맛, 떫은맛, 혀뿌리는 쓴맛을 감지한다. 그래서 보이차의 진정한 맛을 느끼기 위해 입안에서 차를 머금고 의도적으로 돌린다. 중국 차 예법에 어긋나지 않는 행동이다. 또다른 측면은 뜨거운 찻물로 인한 입안과 목의 상처를 최소화하기 위한 방법이기도 하다.

보이차의 숙성 기간과 보관, 유통 기간

보이차의 원료에 따라 달라질 수 있지만, 일반적으로 생차는 최소 5년 이상, 숙차는 3년 이상 된 차를 마시는 것이 좋다. 생차는 최소의 자연 발효 기간을 기다려야 하며, 숙차는 숙미(熟未)가 없어져야 한다. 신차과 노차는 각각의 다른 맛을 즐길수 있다. 대략 30-40년 이상 적절한 온도와 습도를 맞추어 잘 보관하면 노차의 맛을 느낄수 있다.

보이차는 공기가 잘 통하고, 직사광선은 피하고 냄새가 스며들지 않는 공간에 보관하는 것이 좋다. 냉장고에 보관하거나 비닐류를 사용하여 밀폐시켜 보관하는 것은 바람직하지 않다. 보이차의 유통 기간은 중국 국가 표준에서 "적합한 환경에서 장기간 보존이 가능하다"라고 명시되어 있다. 국내 수입 보이차의 경우 뒷면 한글 표시에 유통 기간이 명시되어 있으나 구애(拘礙)받을 필요는 없다.

자대익, 명해 차창, 2003, 357g (중국 북경 마련도 구입)

숙차는 순하고 부드럽다

보이 생차는 쓰고 떫은 맛이 강하다. 숙차의 악퇴 발효는 온도가 25도 이상에서 습도가 85%를 유지해야 한다. 악퇴는 곰팡이가 활동할 수 있는 환경을 조성하여, 검은 누룩곰팡이가 효소를 분배하게 만들고 미생물 발효가 찻잎의 여러 가지 화학 성분을 짧은 시간 안에 분해시켜 순하고 부드럽다.(신정현, 2010)

보이차 거품의 정체

보이차를 자사호에 넣고 뜨거운 물을 부으면 거품이 발생한다. 일부 다인들은 이 거품을 제거하고 보이차를 마시는 경우가 있다. 그러나 연구 결과 보이차의 거품이 사포닌으로 판명되었다. 다만 세차(洗茶)를 충분히 하지 않아 발생될 수 있는 오염 물질 때문에 첫 번째 우린 보이 찻물은 자사호를 양호하거나 찻잔을 헹구는데 사용하면 좋을 것으로 판단된다.

일송도예 황동구 (정호다완, 이라보다완), 조선도공 황용희 다완

보이차의 향

운남 보이차의 찻잎은 채엽 과정에서는 별다른 향기가 나지 않는다. 차의 향기는 차의 토질과 생장 과정 그리고 가공 과정에서 복합적으로 형성된다고 판단된다. 운남대학교 다학과(茶學科) 소원방 교수는 "보이차를 마시면서 느끼는 장향, 난초향, 용안향, 대추향은 실제의 성분과 다르다"라고 설명했다.(신정현, 2010) 또한 일부 다인들은 보이차의 향은 차나무와 지역에 따라 차이가 있지만 연꽃향(荷香)은 차의 햇순의 맛이고, 청향(靑香)은 차 본래의 맛이라고 했다. 난향(蘭香)과 장향(樟香)은 운남성의 노차원에서 장나무와 혼성 성장하는 교목에서 난다고 했다. 관목 차원의 경우 다향은 연꽃향과 청향이 난다고 표현했다. 보이차 생엽의 리프 알코올 성분인 풀 냄새는 살청 과정에서 청향으로 변화시켜 준다. 또한 보이차는 햇빛으로 건조하는 쇄청모차 과정을 거침으로써 좋은 향기를 찾기 어렵다.

보이차와 카페인

운남대엽종에는 약간의 카페인 성분이 들어가 있다. 이러한 카페인 성분은 생차나 숙차가 거의 동일하다. 보이차를 마시면 카페인 성분이 신장을 자극해서 소변을 자주 보게 되는데 이때 몸속의 노폐물로 배출된다. 보이차의 카페인 성분은 커피의 1/4 수준이며, 커페인이 몸속에 느리게 흡수되어 급격한 각성 효과는 적다고 볼 수 있다. 그러나 카페인에 민감한 사람은 저녁에 많은 양의 보이차를 마시는 것은 주의하여야 한다.

맹해심산노수교목청병, 해만 차창, 2003, 357g

보이차와 농약

중국에서 수입해서 판매하는 보이차에 대해 소비자들이 가장 민감하게 생각하는 것이 잔류 농약 문제이다. 그러나 고차수에서 채엽하여 생산하는 교목 보이차의 경우 자연환경에 자생 능력을 가지고 있어 농약이나 비료 등을 사용하지 않는 것이 일반적이다. 그러나 밀식 재배 형식의 관목 보이차의 경우 농약에 노출될 수 있다. 정상적인 수입 보이차의 경우 식품의약품안전처 신고 대상 품목으로 중국의 식품검사증이 서류로 제출되어야 하고 식약청의 정밀 검사를 실시하여 합격하여야 한다. 그러나 중국을 방문하여 개별적으로 보이차를 만들어서 유통하는 보이차나 여행 중 구매한 보이차, 지인으로부터 선물을 받은 보이차는 농약에 대해 안전성을 보장받을 수 없다.

보이차·자사호와의 아름다운 만남

동티벳 야칭불학원, 루부 촬영 (여행하는 나무 카페)

24
차마고도와 마방

차마고도는 쓰촨성(四川省)에서 티벳을 넘어 네팔, 인도까지 이어지는 육상 무역로이다. 윈난성·쓰촨성의 차와 티베트의 말을 교환했다고 하여 차마고도(茶馬古道, ancient tea route/southern silk road)라고 한다.

마방(馬幇)이라 불리는 상인들이 당나귀나 야크를 이용해 중국의 차와 티베트의 말을 서로 사고팔기 위해 다녔다. 수십 마리의 말과 말잡이인 간마런이 가져간 교역 물품은 차와 말 외에 소금, 약재, 금, 은, 버섯류 등 다양했다.

차마고도를 통해서 문화의 교류도 활발하였다. 전성기에는 유럽까지 연결되어 실크로드보다 200여 년 앞서 만들어진 인류 최고의 교역로이다. 중국 서남부의 운남성(雲南省) 차마고도는 길이가 약 5,000km에 이르고 해발 4,000m 이상의 높고 험준한 길이다. 금사강, 란창강, 누강의 수천 km의 아름다운 협곡으로 이어져 세계에서 가장 아름다운 길로 손꼽힌다. 세 개의 강이 합쳐지는 삼강병류협곡은 유네스코 세계자연문화유산으로 등재되어 있다.

백차당 백량차, 이목동(이경한) 옆손잡이, 명품숙우 200cc

25

흑차에 대한 의견

보이차는 흑차가 아니다.

중국의 역사를 돌이켜 볼 때 어떤 차 종류도 보이차처럼 화제가 된 적이 없다. 또한 오래전부터 보이차가 어떤 종류의 차에 속하는지에 대한 정확한 분류법도 없었다.

보이차는 녹차류 중 쇄청모차에서 비롯된 차로서 발효를 거쳐(악퇴 혹은 자연 보관 발효) 만들어진 차이다. 1950년대 이전, 보이차는 인공 가공을 거치지 않았으므로 가공 방법을 기준으로 차를 구분하는 차엽 분류 관련 서적에서 다루어지지 않았다. 중국 차학계는 차 가공 방법에 따라 홍차, 녹차, 흑차, 백차, 청차 등 여섯 가지로 분류하였다.

흑차는 가공 방법상 녹차와 전혀 다르다. 따라서 독립된 차 종류로 분류된다. 보이차는 가공 방법이 특이하여 전통차 분류 방법으로 분류하는 것이 적절하지 않다. 1950년대 초반에 홍콩에서 인공 악퇴 발효 보이차 가공법이 나타나기 시작하면서 보이차의 분류 방법이 어느 정도 가닥을 잡는 듯하였다. 그러나 악퇴라는 두 글자는 보이차의 재가공 및 미생물 발효의 특성을 충분히 설명하지 못했다. 보이숙차의 악퇴 가공(渥堆加工)과 흑차의 악퇴 가공이 비슷하기 때문에 1960년대 말기에 출판한 차 가공 전문 서적에 보이차를 흑차로 분류하였다.

금첨, 1970년대, 250g

보이차와 흑차의 제조 방법은 완전히 다르며, 보이차와 흑차의 품질 특성도 큰 차이가 있다. 하지만 학술적인 오류로 보이차는 정체성이 불분명한 차로 남게 되었다.

1967년에 차 학자인 진천이 보이차를 흑차로 분류하였는데 그의 수제자인 신백화도가 2004년 보이차 세미나에서 보이차는 흑차와 다르다고 인정하였다.

보이차와 흑차의 차이점은 보이차는 쇄청모차(晒淸毛茶)를 한다는 것이다. 흑차의 발효 시간은 1일이며, 홍차의 발효 시간은 2시간 정도 걸리며, 보이숙차는 미생물 발효로 40-60일 정도 소요된다. (추가구, 2012)

안화 복전, 250g, 동티벳 라브랑스에서 구입

흑차

흑차(黑茶)는 주로 호남성 설봉산맥 차 재배 지역의 대중엽종 군체 품종(群体品種)을 원료로 하여, 살청·유념·악퇴·송시명화건조 등의 작업 과정을 거쳐 제조된 것으로, 건차는 흑갈색의 윤기와 광택을 띠고, 찻물은 맑고도 진한 붉은 빛을 띠며, 독특한 송연의 향을 지닌 흑모차와 그것을 증압하여 만든 긴압차의 총칭이다.

흑차는 과초살청(鍋炒殺青: 차의 생잎을 고온의 가마솥에 넣어 덖어 풋내를 제거함), 악퇴(渥堆: 차를 뚜껍게 쌓아 일정한 온도와 습도 조건에서 발효시키는 과정)와 송시명화건조(松柴明火乾燥: 소나무 땔감으로 불을 지펴 건조하는 과정)라는 특수한 공정을 거친다. 보이차와는 악퇴 과정이나 송시명화건조에서 발효 방법에 차이가 있다. (ⓒ호남흑차)

흑차의 주요 제품인 안화 복전차(茯磚茶)는 여름 삼복에 만들었기 때문에 복전차라 하였다. 호차, 복전, 복차라고 하기도 한다. 청전차는 호남성 임상현에서 생산된 노청자를 원료로 만들었다. 최근 백사계 차창에서 흑차를 원료로 재생산했다. 청나라 건륭 시대에 곡옥 차창이 안화에서 어린 원료를 사용한 흑모차를 구입하여 공품 역할을 수행한 천첨, 공첨 등 다양한 흑차를 생산하였다. 또한 안화현의 강남 일대에서 생산한 화권차(花捲茶: 두루마리 기둥 모양으로 만든 차), 백량차, 천량차가 있다. 호남 안화현의 백사계 차창에서 생산하고 있다.

보이차, 자사호와의 아름다운 만남

초보자를 위한 보이차·자사호의 36가지 기본 지식

보이차·자사호와의 아름다운 만남

紫砂壶

허국위, 연자호, 방원당, 자니, 전수공, 450cc / 자니숙우 200cc, 영생도예

26
자사호의 정의

자사호(紫砂壺)는 강소성(江蘇省) 의흥(宜興)시 정촉진에서 유일하게 생산되는 자사(紫砂) 니료(泥料)로 만든 특수한 차호(茶壺)이다. 정촉진(丁蜀鎭), 정촉산(丁蜀山)에는 황석 암층의 황룡산과 청색 암층의 청룡산이 있다. 본산, 갑산, 정산, 용산 등은 황룡산을 뜻한다. 자사는 천부와 조장에서도 생산되기도 한다.

중국 의흥 도자박물관 (중국 강소성 의흥시 정촉진 정산북로 150호)

주우걸, 본산자니, 전수공, 200cc

27 자사 니료의 이해

자사니(紫砂泥)는 원칙적으로 강소성 의흥에서 나는 것을 의미한다. 자사니는 채광하는 원광에 따라 매우 다양하다. 전설에 의하면 의흥에 어느 스님이 황룡산에서 나오는 오색토를 팔고 다녔는데, 노스님이 만든 차호는 차의 맛과 향이 좋았다고 한다. 오색토는 흑, 황, 녹, 홍, 자색이었다. 현재 주로 사용되는 자사니는 자사의 원석을 중심으로 분류하며 자니(紫泥), 녹니(錄泥), 홍니(紅泥)가 기본이다.

자사니의 성분은 철분을 함유한 점토, 석영, 운모, 적철광 등으로 구성되어 있다. 현대 자사의 색상이 다양한 것은 각기 다른 원료를 혼합하거나 같은 원료라도 가마 안의 소성 온도를 달리하거나, 극소량의 산화제, 착색제를 넣기 때문이다. (ⓒ감야)

중국 강소성 의흥 황룡산 전경. 자사를 채광한 후 호수처럼 물이 차 있다.

원소강, 방원당, 자니, 전수공, 450cc

진화, 소성, 진방

자사 원석을 채굴하여 ① 자연에서 방치하는 방법으로 원석을 물에 담그는 진부(陳腐)와 노천 상태로 두는 풍화(風化)가 있다. 이를 공통적으로 진화(陳化)라고 한다. ② 다시 잘게 부수어서 불에 굽는데 이를 소성(燒成)이라 한다. ③ 가루를 곱게 만들고 물과 배합하여 진흙 덩어리로 만든다. ④ 묵히기를 통해 좋은 니료로 만든다. 이를 진방(陳放)이라고 한다. 이를 만드는 곳을 마방(磨坊), 마방가, 수니창(水泥廠)이라고 한다. (문수, 2004)

황룡산 암석 / 진화, 자사흙 풍화 작업 /
자사 흙 만들기 / 자사 차호 만들기 (오계명 공방, 의흥)

서시호, 홍니, 140cc, 천청니, 삼족호, 금림전사, 180cc, 미인견호, 단니, 100cc
금림전사는 주금림의 니료를 일컸는 용어이며 브랜드화되었다.

자니, 홍니, 주니, 본산녹니, 저조청, 석홍니, 단니

허국위(2006), 자니, 연자호, 350cc / 김병종(1997), 20호

자사 니료의 기본 색상

자니

자니(紫泥)는 자색을 띄는 대표적인 자사니이다. 옛날에는 눈자니(嫩紫泥)가 최고급품이었으나 현재는 거의 없으며, 고급품으로는 저조청이 있다. 단일 니광에서 소성한 자연색 자색 니료를 청수니(淸水泥)라 한다. 그 외 홍피룡(紅皮), 강파니(降坡泥), 병자니(幷紫泥), 그리고 특병자니(자사1창 흑성토는 특병4), 홍니가 섞여 있는 자가니(紫茄泥), 요변니료 저간니 등이 있다. 단니는 녹니에 자니를 섞은 것이 일반적이다. 흑니는 자니를 기본으로 하여 철과 망간 등의 산화 색소를 첨가하여 만들었다.

본산녹니,석표,
200cc, 정복초당

녹니

본산녹니(本山錄泥)라고도 한다. 색상은 옅은 녹색이다. 소성 후에는 베이지색으로 변한다. 황룡산 자니와 홍니 광석층 사이에 존재한다. 본산녹니는 생산량이 적고 모래 성분으로 점성이 약해 자니 성분을 약간 배합한다. 모래 성분이 투명하며 입체감이 있어 옥 같아서 자옥금사(紫玉金沙)라고 하기도 한다.

조수괴, 홍니 서시호, 120cc

전홍해, 주니, 전수공, 140cc. 이형천하/ 일송요(황동구) 이라보 다완

홍니

홍니(紅泥)는 자니보다 깊은 층에 있다. 홍니는 단단하여 돌과 같고, 철의 함유량이 많으며, 소량 생산된다. 색상은 벽돌색과 빨강색의 혼합된 색이다. 홍니는 수축률이 크다. 붉은색 원석으로 실니, 실사니, 석황니(石黃泥)라고도 한다.

주니

주니(朱泥)는 원색이 노란색이며, 조장(趙庄)에서 나왔는데 조장 주니는 잡티가 있고 색상도 떨어지지만 양호(養護)하면 아름답게 변한다. 조장의 서쪽에서 생산되는 소매요(小煤窯) 주니는 수축률이 25% 정도로 매우 높다. 석황에 홍니를 첨가하면 대홍포 주니가 된다.

최근에는 질이 떨어지는 호부 일대에서 생산되는 호부 주니가 주종이다. 주니는 강한 붉은색으로 많은 사람이 선호하고 있으나 제조 과정에서 성공률이 높지 않다. 청대 주니의 대가는 혜맹신(惠孟臣)이며, 최근 그의 15대 자손인 혜상운이 이를 전승하고 있다.

홍니는 두들기면 텅텅 소리가 나고 주니는 쇳소리에 가깝다. (ⓒ 천예명호)

보이차·자사호와의 아름다운 만남

혜상운, 원광자니, 보연, 전수공, 330cc

30
자사호의 선택 조건, 양호 방법

자사호의 선택 조건 니, 형, 공, 화, 용, 식, 신

자사호의 선택 조건은 ① 니(泥, 니료), ② 형(形, 조형미), ③ 공(工, 숙련된 도공), ④ 화(火, 가마의 소송 온도), ⑤ 용(用, 사용하기 편리), ⑥ 식(飾, 장식), ⑦ 신(神, 창의성)이다. 이 모두가 담긴 호가 좋다. (ⓒ갈명상, 玩壺新說)

일반인이 선택할 경우에는 첫째, 출수(出水), 즉 물이 잘 나와야 한다. 둘째는 절수(切水)로 공기 구멍을 막았을 때 물이 나와서는 안 된다. 셋째, 자사호의 형태가 균형을 유지해야 한다. 넷째, 손잡이가 불편하지 않는지 확인해야 한다. 다섯째, 자사호에서 냄새가 나지 않아야 한다. 여섯째, 자사호에 흠이 있나를 확인해야 한다. 일곱째는 적절한 가격이다. 초저가 자사호를 선택해서는 안 된다. 여덟째, 자사호 작가의 직위, 명성, 보증서에 현혹되어서는 안 된다.

혜상운, 황룡산 병자니, 치애호, 전수공, 330cc / 락요(이태호) 찻잔, 50cc

자사호의 양호

자사호를 양호(養壺)하는 첫 단계는 구입 후 차호를 깨끗하게 씻는 것이다. 차호 씻기에는 다양한 방법이 있지만 끓는 물에 5-10분 정도 담갔다가 깨끗한 물로 헹구어 공기가 잘 통하는 곳에서 말리는 것이 일반적이다.

자사호의 양호는 차 우리기 과정에서 찻물을 자사호에 지속적으로 부어서 호의 색상을 변화시키는 것이 중요하다. 이때 가능하면 생차와 숙차를 구분하여 양호하는 것이 좋다.

차 우리기가 마감되면 차호에 물을 부어 깨끗하게 씻어 낸 후 차 수건으로 차호를 가볍게 문질러 주면 된다. 이때 무리하게 힘을 주거나 집중하지 않으면 차호가 떨어지거나 부딪쳐서 자사호가 파괴되는 경우가 종종 발생하므로 조심해야 한다.

양호를 통해 자사호의 색상이 변화되는 과정을 발견할 수 있다. 자사호의 양호는 다인의 마음이 호로 옮겨지는 것으로, 보이차와 자사호 그리고 다인의 상호 커뮤니케이션이라고 할 수 있다. 차호가 양호되어 가는 과정을 통해 마음의 수련도 가능할 것이다.

양호 과정에서 손이나 얼굴로 문질러 광을 내는 것은 기름때에 의해 오염되고 기공이 막혀 자사호의 투기성과 흡수성에 부정적인 영향을 준다.

다양한 자사 작품들(범지봉, 금섬 등)

주우걸, 흑니, 200cc, 전수공

31 자사호의 각부 명칭

자사호는 호복(壺腹: 호의 몸통), 호개(壺蓋: 차의 뚜껑), 호파(壺把: 차의 손잡이), 호저(壺底: 차호의 밑굽), 호뉴(壺紐: 차호의 뚜껑 꼭지), 호구(壺口: 차호의 몸통 입구), 호공(壺孔: 호안의 물 구멍으로 단구, 구공, 망공)으로 구성되어 있다.

갈명상, 대석표, 자니, 450CC, 전수공

정춘영(2012), 경송입문자사호, 중국경공업출판사
진만생의 자사호 18식은 현재까지 많은 자사호 작가들이 사용하는 자사호 제작 기본 교본이라고 할 수 있다.

자사호 제작

자사호 제작에는 ① 자사를 반죽하여 틀에 부어 작업하는 방법, ② 물레를 사용하여 도자기처럼 제작하는 방법, ③ 석고틀에 호의 몸통을 눌러서 만든 다음 형태나 출수 등을 맞추는 방법, ④ 호를 설계하고 수축률을 환산하여 도구를 사용하여 두들겨서 만든 후 밑굽, 뚜껑 등을 순서대로 만들어 붙이는 전수공(全手工) 방법 등이 있다. 또한 반수공이라고 하여 모구(틀)에 넣어 눌러 기본 형태를 만드는 방식이 있다.

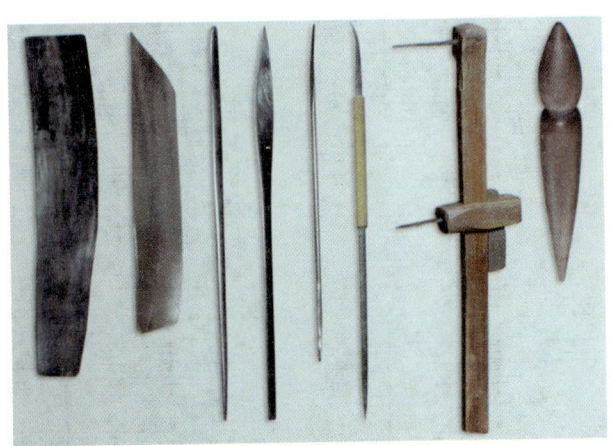

정춘영(2012), 경송입문 자사호, 자사호 제작을 위한 도구들

자니, 석표호, 180cc

자사호의 형태

자사호는 작가의 작품 유형에 따라 고전파(고경주), 자연파(장용), 기교파(여요신), 문인기풍차(담천해), 추상유화파, 전통민예파, 재질추구파 등 그 형태가 매우 다양하다.

차호의 형태에 따른 분류

1. **대호**(大壺) 형식: 수성호, 용단호, 우개양 통호 등이 있다.

2. **원호**(圓壺) 형식: 방고호, 한편호, 시원호, 일립주호, 석표호, 한군호, 연자호, 철구호, 용단호, 고서편호, 한운호, 운계연자호, 대선원호, 편석호, 태립호, 반와호 등 다양하다.

3. **방호**(方壺) 형식: 사방호, 방산일산호, 승방호, 전로호, 육방호, 방인포호 등이 있다.

4. **근문기**(筋文器) 형식: 합국호, 수선호, 국변호, 사구호, 용두일곤죽호 등

5. **화소기**(花塑器) 형식: 공춘호, 송단호, 삼우호, 소형죽절호, 남과호, 불수호, 포도호 등

6. **수평호**(水平壺) 형식: 선원수평호, 군덕호, 이식수평호, 문단호 등이 있다.

왕소립, 노단니, 전수공, 250cc / 산내요(김성철) 다완

자사호의 역사적 인물

공춘

자사호 초기 시대는 남송 후기에서 명나라 시대(1573-1620)이며, 이때 자사의 명인은 명대 금사사(金沙寺)의 공춘(供春)이다. 공춘은 사천성(四川省) 참정(參政)이었던 오이산(吳頤山)의 노비였다. 노승의 자사호 제작 과정을 보고 맨손으로 은행나무 껍질을 두들겨 만들고, 찻숟가락으로 속을 파내서 공춘호(수영호)를 만들었다.

명대 공춘호

보이차·자사호와의 아름다운 만남

천청니, 삼족호, 180cc

시대빈

시대빈(時大彬)은 명 만력연간에서 청 순치연간에 활동하였고, 시붕의 아들이며 호는 소산이다. 자사 제작에 필요한 공예와 도구를 완성하여 자사호의 발전기를 이끈 명인으로 유명하며, 능화팔각, 육방, 제량, 승모호 등의 명작을 만들었다. 그는 예술인, 선비들과 교류하면서 다예에 어울리는 자사호를 만들어서 자사호의 아버지라고 불린다.

시대빈의 승모호

1980년대, 노자니 인방호, 자사1창, 150cc

진만생

진만생(陣蔓生, 1768-1822)은 서화, 금석, 시문에 능통했으며, 양팽년과 공동 작업을 했다. 양팽년이 호를 만들고 진만생이 조각을 했다. 그의 호를 만생호라 하고 만생18식이란 자사호의 기본 형태를 완성하였다.

진만생의 태립호

자사호 홍니, 350cc / 김구림 음향 20×28.5cm

소대형

소대형(沼大亨, 1796-1850)은 청나라 전성기의 화려하고 사치스러운 기풍을 변화시켜 단순하고 대범한 디자인을 제시했다. 그의 작품은 작가의 청렴한 성격과 자연과의 조화를 통해 만들어져 소장자들에게 인기를 얻고 있다.

소대형의 팔괘속죽호

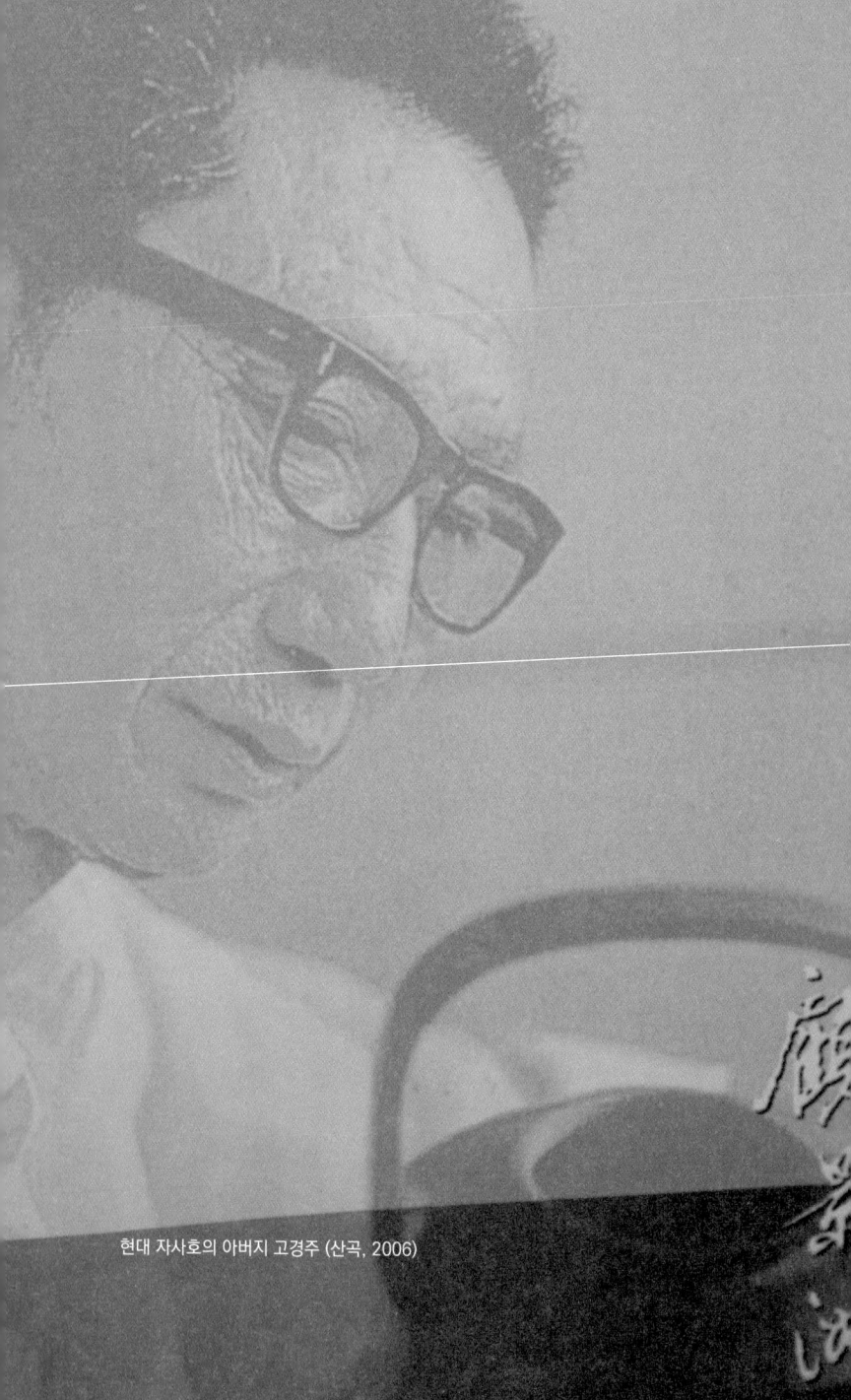
현대 자사호의 아버지 고경주 (산곡, 2006)

35
현대 자사호의 아버지 고경주

고경주(顧景舟, 1915-1996)는 자사공예 최초의 중국 공예 미술 대사이다. 18세에 의흥 동파사원에서 수학, 소대형의 후손인 어머니로부터 수학하였으며, 1954년에 자사공예창의 전신인 도자생산 합작사를 설립하였다. 그의 제자로는 서수당, 이창홍, 심구화, 고혜경, 주계진, 오군상, 갈도중 등이 있다. 1979년 중국 정부가 일본 총리에게 고경주의 자사호를 선물하기도 했다. 그의 자사호는 수려하고 간결한 기풍을 보이고 있다.

제벽호, 석표호, 승모호가 유명하며, 그의 작품을 동방명주라고 한다. 현대 자사호의 아버지라고 불린다.

죽편복호(경자호) 공예사 로학군 작 자니, 120cc
복을 가져다 준다는 상서로운 호로 청대 자사호를 재현하였다. 대나무와 박쥐를 완성도 높게 각하여 놓았다. 이 호로 보이차를 먹으면 복이 들어온다고 한다.

35 _ 현대 자사호의 아버지 고경주

〈승모호〉

〈방고여의호〉

〈제벽호〉

〈석표〉

고경주의 작품들

서수당, 서한당, 왕인선, 장용, 여요신, 담천해 (산곡, 2006) 중국자사대사

현대 자사호의 명인

담천해(潭泉海)

문예기풍파로 1939년 화교진에서 출생하였다. 1958년 자사공예창에 입사 도각명가 임감정 문하로 도각입문했다. 1975년에 중앙공예미술학원 도훈반을 수료하고 서예 공부에 주력하였다. 차호에 자신의 가치관을 담긴 글을 즐겨 썼다. 1997년 중국 공예 미술 대사가 되었다. 조카 장천림이 계승하고 있다.

여요신(呂堯臣)

1940년생으로 1958년 자사공예창을 입사하여 자사의 색상과 성질의 연구에 몰두하였다. 자사 혼합 기예인 교니에 독자적 영역을 개척하였다. 둘째 아들 여준걸, 맏아들 여준경, 여준경의 아내 모춘영이 있다. 기교화려파를 대표한다.

장용(蔣蓉)

화소조 장식 기법의 대가로서, 여자 자사호 대사이다. 1919년에 자사공예 가문에서 출생하여, 사회주의 운동에 참여했으며, 1944년에 상하이 자사화분공장 채색 직공으로 입사, 1955년 고경주의 자사공예창에 입사하여 자사호 수련을 쌓았다. 현대자연파의 핵심 작가로 딸 장예화가 있다. 2006년 <화비화(花非花)>라는 작가 전기(傳記)를 출판하였다.

장용 불수호

여요신 운천호

서한당 능화제량호

왕인선 금추남과호

담천해 옥윤호

서수당 공춘호

산곡(2006), 중국자사대사, 상해고적출판사

왕인선(汪寅仙)

1943년 출생한 자사호 대사로 오운근, 주가심, 고경주에게 수학했다. 전통자연파로 과일을 비롯한 자연물 형상을 차호로 만들었다. 유명한 곡호는 청수니로 제작하였다. 중국 상하이 박물관, 영국 대영박물관에 소장되어 있다.

서한당(徐漢棠)

1932년 출생하여 동파서원에서 수학했다. 고경주의 자사공예창에서 고전파적 기예를 습득했다. 1960년 자사공예창 내에 자사연구소를 설립하였다. 1975년에는 중앙공예미술학원에서 연구하였으며 자사공예2창 연구소 소장을 지냈다. 그는 자사호에 독특한 조형미를 완성시켰다. 여동생 서수문과 아들 서달명, 서유명도 명인과 고급공예사이다.

서수당(徐秀棠)

1937년생으로 서한당의 동생이다. 자사호보다는 자사 조소에 탁월한 능력을 발휘하였다. 중국 국가 자사대사로 선정되었으며, 최근 개인 자사회사인 장락홍을 운영하고 있다.

사진 촬영을 위해 펼쳐 놓은 보이차

범지봉 작가. 금섬

보이차·자사호와의 아름다운 만남

참고 문헌

김정희·조미라·김신연(2008), 현대중국 생활차, 민속원.

등시해 저, 김동희 역(2000), 중국운남 진년 푸어차, 대우사.

맹번정·박미애(2007), 무이암차, 이른아침.

문수(2004), 호중일일월장 자사호의 세계, 바나리.

서범석(2012), 보이차의 이해, 한중보이차세미나, 대원대학교.

신정현(2010), 보이차의 매혹, 이른아침.

예위칭촨 저, 박용모 역(2006), 보이차, 한솜미디어.

예정안·당화평저, 김태만 금지수 역(2009), 호남흑차, 한빛.

이진수(2007), 한권으로 이해하는 중국차문화, 지영사.

장유화(2011), 보이차 짱유화에게 묻다, 국차미디어.

주홍걸 저 박용모 역(2005), 운남보이차, 한솜미디어.

추가구(2012), 보이차란 무엇인가: 보이차 진위판별, 한중보이차세미나, 대원대학교.

郑春英(2012), 经松入门 紫砂, 中国轻工业出版社.

邓时海(2004), 普洱茶, 云南科技出版社.

邹家驹(2005), 漫话普洱茶:, 普洱茶辩伪, 普洱茶辩伪, 云南民族出版社.

徐秀棠(2004), 景舟壶艺术别录, 上海古籍出版社.

石昆牧(2006), 经典普洱, 云南出版集团公司·云南科技出版社.

山谷(2006), 中国紫砂大师, 上海高籍出版社.

张淑贞(2007), 大益普洱茶大事典 1994-2007, 五行图书出版有限公司.

黄健亮(2000), 普洱茶谱, 唐人工艺有限公司.

陈润民(2011), 2012-2013 最新版 紫砂器, 故宫出版社.

韩其楼(2005), 中国紫砂茗壶珍赏, 上海科学技术出版社.

宋伯胤, 吴光荣, 黃建亮 共著(2007), 紫砂收藏, 吉林出版集团有限公司.

찾아보기

건　41, 43
건창차　33
고경주　163, 173, 177, 179
고수차　19
고차수　19
곤명 차창　31, 81
골동급 보이차 시대　53, 55
공춘　165
관목차　17
광운공병　101
교목차　17
금과공차　57
긴압차　13, 25, 27, 29
긴차　25

노동지　81
녹니　139, 149
녹인원차　75
니료　137, 153

다경　45, 49, 51
담천해　163, 177
대엽종　15
대지차　19
동경호　59, 63
동파사원　173
동흥호　59, 63, 65
등시해　77, 111

맹해　23
맹해 차창　27, 91, 93, 95

반선긴차　105
반수공　161
방차　25
병차　25
보이방차　107
보이부　55
보이생차　27
보이숙차　27
불해 차창　61, 73

산차　13, 25, 27
살청　37
생태차　19
서공천조　59
서수당　179
서한당　179
소대형　171, 173
소성　141
쇄청모차　13, 15, 35, 127
숙차 보이차　79
숙차 보이차 시대　53
숫자 보이차　83
숫자 보이차 시대　53
습창차　33
승모호　167, 173, 175
시대빈　167

악퇴 27, 31, 35
양호 155
여요신 163, 177
왕인선 179
위조 37
유념 37
육우 45, 49
의흥 137, 139
이무 23
인급 보이차 시대 53, 67
인두공차 57

자니 139, 147
자사니 139
장용 163, 177
전수공 161
전차 25
제갈량 55
조승후 67, 71
주니 151
지비 43
진만생 169
진방 141
진화 141

추가구 77, 111
추병량 79, 93
칠자병차 83

카테킨 39
카페인 121
쾌속 발효 31, 79

타차 25
태립호 169
통 41

팔괘속죽호 171
팔중차 67, 69, 71
편 41
폴리페놀 37, 39, 115

하관철병 103
하관타차 111
현대 보이차 시대 53, 91
호급 보이차 시대 53, 59
홍니 139, 151
홍인원차 73
홍현주 59
황룡산 137, 139
황인원차 75
후발효 15, 31, 33
흑차 127, 129, 131

6대 차산 23
7542 85
8582 87, 89

www.pwe.co.kr

M.I.C.E
CREATIVE PLANWORKS

무한한 상상력과 빛나는 솔루션으로
브랜드와 사람을 연결하는 온오프라인 통합 마케팅

PROMOTION | ONLINE MARKETING | DIGITAL DEV | DESIGN

|주| 플랜웍스엔터프라이즈

---

ct-planet.co.kr

(BX Design)　(UX Design)　(Development)　(Video Marketing)

We're
─ universe

하나(uni) 하나가 모여 무한한 상상력의 verse
Contents Planet 에서 모든 경험을 디자인 합니다.

|주| 콘텐츠플래닛

강력한 입소문을 중심으로
실질적인 Marketing·Branding
성과를 창출해 내는
매복 마케팅 전문가 그룹. 부시기획

m.BUSH   media OOH/Digital/TVC
         marketing
         mobile   부시기획

서울시 서초구 서초대로 114, J.H빌딩 3F / Tel. 02-2268-7738 / admin@bushad.com